SHIZHENG DAOLU
GONGCHENG XIANGMU GUANLI SHIJIAN

市政道路工程项目管理实践

郭 瑞 祁 涛 / 编著

· 成都 ·

图书在版编目（CIP）数据

市政道路工程项目管理实践 / 郭瑞，祁涛编著. —
成都：电子科技大学出版社，2023.12
ISBN 978-7-5770-0748-9

Ⅰ. ①市… Ⅱ. ①郭… ②祁… Ⅲ. ①市政工程－道
路施工－项目管理 Ⅳ. ①U415

中国国家版本馆 CIP 数据核字（2023）第 224639 号

市政道路工程项目管理实践

郭　瑞　祁　涛　编著

策划编辑　李　倩　刘　愚
责任编辑　李　倩
责任校对　姚隆丹
责任印制　段晓静

出版发行　电子科技大学出版社
　　　　　成都市一环路东一段 159 号电子信息产业大厦九楼　邮编　610051
主　　页　www.uestcp.com.cn
服务电话　028-83203399
邮购电话　028-83201495

印　　刷　成都市火炬印务有限公司
成品尺寸　170 mm×240 mm
印　　张　14.75
字　　数　280 千字
版　　次　2023 年 12 月第 1 版
印　　次　2023 年 12 月第 1 次印刷
书　　号　ISBN 978-7-5770-0748-9
定　　价　76.00 元

前　言

市政道路工程是市政工程的重要组成部分，也是城市的重要基础设施工程。市政道路建设是完善城市功能的重要举措，事关城市发展、民生之本。近些年各地区均持续强化市政路网配套，着力构建便捷高效的现代化高品质城市综合交通体系，不断夯实高质量发展基础。

市政道路工程的主要内容有路基路面、雨污水管线、给水管线、电力管线、交安照明、绿化工程、地下设施结构（如电力隧道、综合管廊、箱涵等），以及人行道、边坡支护等其他附属设施。市政道路工程的主要特点有：一般为线性工程且工期较短，征地拆迁与进场施工同步进行，位于城区或临近城区，安全文明施工要求较高，施工干扰因素较多，涉及专业内容较多。因此，在工程施工管理中会存在协调难度大、施工强度大、组织管理难、安全文明施工风险突出等重难点。

笔者多年来一直从事市政道路工程施工建设管理工作，具有丰富的市政道路工程施工管理经验，并在本领域取得了一些相关的优秀科研成果，特将多年的经验总结和研究成果编撰成书。本书既介绍了市政道路工程施工工艺和质量控制要点的内容，又系统梳理了工程项目技术、质量安全体系的建设和管理内容，希望能让读者了解、学习工程施工，提升项目管理综合水平。

全书共四章，分别从项目总体策划、项目技术管理、项目质量管理、项目安全管理等方面提炼总结了市政道路项目管理的经验和做法，使其具有可复制性和共享性。

第一章项目总体策划，主要介绍了施工阶段总体策划的编制依据及编制内容、项目组织机构配置、施工总平面布置，旨在识别项目履约和经营风险以及创效机会的前提下，提出相应管理目标，有针对性地制定指导性、建设性应对措施和实施方案。

第二章项目技术管理，主要介绍了施工准备阶段及实施阶段的技术管理内容，同时还详细介绍了主要工程施工工艺，旨在强化技术基础管理，重视施工技术调查，以实施阶段施工组织设计和相关技术方案的编制和动态优化为管理核心，建立最佳技术秩序。

第三章项目质量管理，主要介绍了质量报建手续办理、开工准备阶段质量管理、施工过程质量管理及竣工阶段质量管理等内容，同时还详细介绍了工程实体质量管控要点，旨在通过一系列措施来确保工程实体质量满足设计及规范要求，并最终让业主满意。

第四章项目安全管理，主要介绍了安全报建手续办理、开工准备阶段安全管理体系建立及现场安全文明施工布置、施工过程安全管理等内容，旨在落实安全生产责任制，形成“安全生产人人有责”“安全生产齐抓共管”的意识和环境，从而确保项目安全生产。

本书所用的案例、所得的经验和建议均有自身的背景和条件，在指导实践的过程中，难免会有不足之处，望广大读者能够提供更多指导和建议，以使本书内容更加完善。

作　者

2023 年 10 月

目　　录

第一章

项目总体策划

规范项目全生命周期中各个阶段的策划工作，形成系统和连续的策划责任体系，充分发挥项目全生命周期全要素的策划作用，有助于提高项目管理水平。项目全生命周期策划包括工程项目前期投标策划、施工阶段总体策划和涉及项目各时段的各类专项业务策划。其中施工阶段总体策划是指在开工初期围绕项目履约和经营目标，对项目进行的纲领性谋划。总体策划须在认真全面研究项目实施条件、识别项目履约和经营风险，以及创效机会的前提下，提出相应的管理目标，有针对性地制定指导性、建设性应对措施和实施方案，确保风险受控和效益的最大化。

第一节　施工阶段总体策划编制

一、施工阶段总体策划的编制依据

施工阶段总体策划的编制依据主要包括以下几方面：

（1）合同文件及营销交底资料；

（2）现行标准、规范与有关规定；

（3）公司管理体系文件；

（4）经评审的实施性施工组织设计（若有）；

（5）相关市场信息与环境信息；

（6）其他（包括政策、法规）等。

二、施工阶段总体策划的实施

施工阶段总体策划的实施需要根据合同文件、项目自身特点及公司的管理章程开展。项目实施策划的主要内容如下。

（一）工程概况

（1）工程简介。对项目名称，项目所在地的地理位置、海拔高度、气候特征、地质情况、水文情况，施工范围，合同工期，合同总价，合同类型，主要实物工程量等相关方面的内容进行简述。

（2）介绍业主、勘察、设计、咨询、监理单位及其他相关单位情况，用表格形式或图示表达。

（3）根据后续策划内容，总结明确项目管理的各项目标，并尽量以表格形式表达，可参照表 1-1。

表 1-1　项目的主要管理目标

序号	目标	内容
1	工期管理目标	开工日期： 竣工日期： 合同总工期：
2	质量管理目标	
3	安全环保目标	
4	预期经营目标	
5	工程创优目标	
6	其他管理目标	

（二）工程管理策划

（1）设置项目组织机构。按照精干高效的组织模式，确定本项目的组织机构，并进行工作职能分配，绘制组织机构框图。

（2）确定项目管理资源配置方案。依据施工组织设计，列出管理资源季度投入计划，并做出管理资源季度投入计划表。

（3）明确项目里程碑目标，并对关键线路和次关键线路（如有）进行分析说明。

（4）分析项目重难点并制定应对措施。

（三）质量管理目标策划

（1）依据合同对质量的要求，制定工程质量的管理目标，同时评估需要工程创优的项目，明确创优目标以及实现该目标的路径。

（2）分析项目质量管理的重点，并制定纲领性措施。

（四）安全环保目标策划

（1）综合考虑合同、法律法规等要求，制定项目安全环保的管理目标，同时评估需要工程创优的项目，明确创优目标以及实现该目标的路径。

（2）分析项目安全、环保管理的重点，并制定纲领性措施。

（五）设备物资管理策划

（1）主要材料供应保障计划，制定材料供应方案并进行经济对比。

（2）依据工程实际情况编写主要及专有设备配置方案计划，明确设备来源，分析关键设备在不同组织模式下的利弊。

（六）经营管理目标策划

（1）根据工程实际情况，进行分包策划，说明分包标段划分原则并编制分包情况一览表。

（2）对比投标前成本测算表，优化施工组织设计，结合市场行情与类似工程的成本指标，对项目成本进行预测，初步确定项目预期经营目标。

（3）通过对项目进行全面的成本测算分析，提出亏损项目减亏扭亏方案和盈利项目，确保预期收益的措施。

（七）工程创效和科技策划

（1）对于有完整施工图的项目，根据对合同的深入研究和现场实际情况，做好变更索赔策划和方案优化策划。

（2）对于暂无工程量清单、分批次出图的项目或合同尚未签订的项目，策划可以通过与设计对接优化的子项和可能发生变更的子项。

（3）根据项目特点，拟定科研课题及研究大纲，对技术成果进行推广应用。

为保证项目总体策划的可行、可靠、经济、合理，应组织专家对其进行科学评判；同时，在项目总体策划确定后，各板块应根据项目总体策划、项目特点等编制专项策划，以确保策划内容更好地落地实施。

第二节　项目部组建与人员配置

确定合理的项目组织管理模式是项目总体策划的重点工作之一，本节将对项目部组建与人员配置进行重点阐述。

一、项目工作关系

根据市政工程的特点，市政工程项目的参建单位一般有业主单位、勘察单位、设计单位、监理单位、过控单位、施工单位等。业主单位一般为政府部门委托投资建设公司进行项目管理，监理单位、过控单位由业主单位公开招标选择，负有对项目建设过程进行监管的职责。同时，政府质量安全监督部门对项目进行跟踪监管。

市政工程项目的工作关系一般如图 1-1 所示。

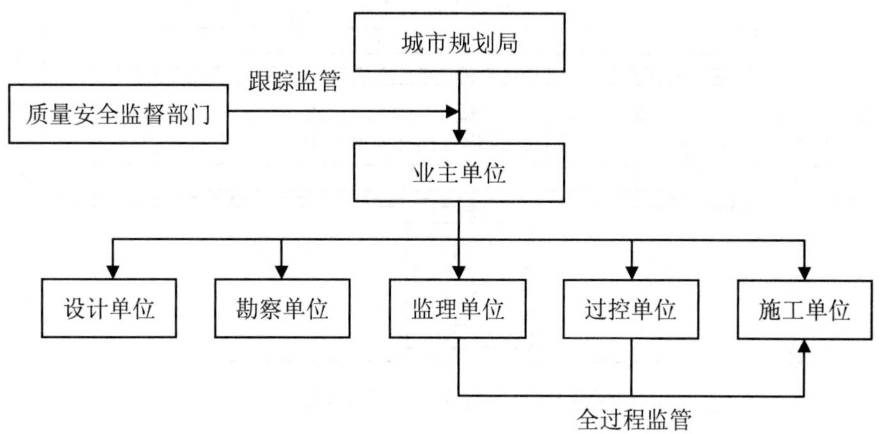

图 1-1　市政工程项目的工作关系图

二、项目机构设置

（一）施工组织机构

市政道路工程一般具有“短、平、快”特点，为保证项目履约和经营各项目标同步推进，项目部应按决策层、管理层、作业层三层分离的原则设置。项目决策层设置项目经理、项目总工程师、项目生产副经理、项目总经济师、项目安全总监五个领导职位，其中项目经理为总决策人，项目总工程师、项目生产副经理、项目总经济师和项目安全总监为二级决策层负责人。项目管理层设置工程管理部、安全环保部、设备物资部、劳资财务部、综合协调部五个管理部门，五个管理部门平行作业。项目作业层设置项目作业队，作业队按照需求灵活设置。根据项目规模情况及分布，可考虑设置工区，工区下亦可设置部室，参照项目部的部室进行设置。

工程管理部实行“大部室”管理模式，集技术、生产、经营、质量、测量、实验、计量于一体，由项目总工程师直接负责，着重培养全面复合型人才。

项目施工组织机构图如图 1-2 所示。

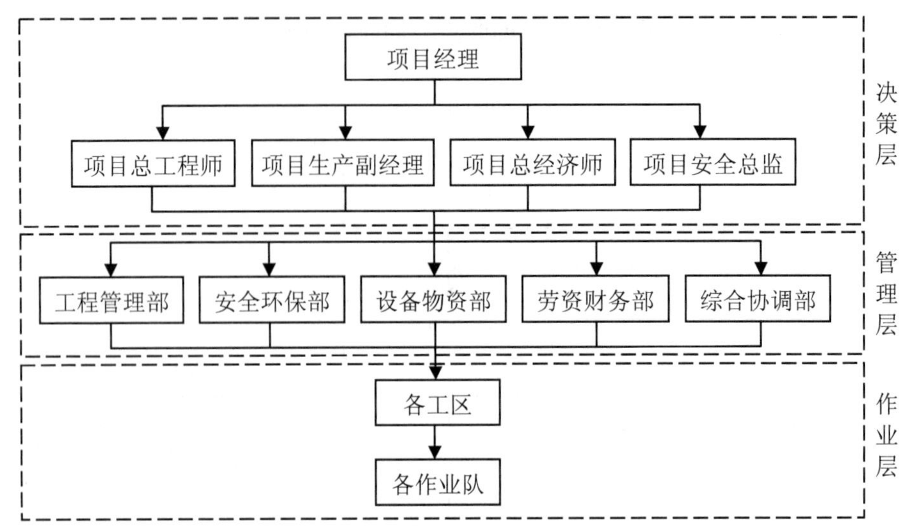

图 1-2　项目施工组织机构图

（二）岗位设置及人员编制

项目部管理层各部室可设部门主任、副主任、主任科员、副主任科员、主办科员、科员及办事员。作业层工区可参照部室设置。

根据市政工程质量安全管理要求，应配置专门的质检工程师、安全工程师。

项目部管理人员的定编，应根据工程规模、投标承诺、专业特点及公司人力资源情况，根据工程经验可参照表 1-2。岗位设置可一专多能、一岗多责。

表 1-2　项目部管理人员定编参照表

项目规模/亿元	总定员/人	项目班子/人	一般管理人员/人	后勤人员/人
2	18～23	3	10～15	5
2～10	24～32	4	15～20	5～8
10～20	30～38	5	20～25	5～8
20～30	38～46	5～6	25～30	8～10
＞30	43～47	5～7	30～35	8～10

（三）职责分工

1. 项目班子成员的岗位职责

（1）项目经理

项目经理对项目工程的质量、进度、安全全面负责。负责工程施工期间与质量、进度和安全相关的各种重大决策，并负责在项目执行过程中协调外部关系，同时负责协调项目部下属的工程管理部、安全环保部、设备物资部、劳资财务部、综合协调部等职能部门之间的关系。

（2）项目总工程师

项目总工程师主要负责项目施工技术及质量管理工作，建立健全技术及质量管理体系，主持编制实施性施工组织设计、重大施工技术措施、施工总进度计划以及质量、安全技术措施等，对工程质量负直接责任。

（3）项目生产副经理

项目生产副经理主要负责项目施工生产管理、进度控制工作，建立健全生产管理体系，主持召开各生产会议等。

（4）项目总经济师

项目总经济师主要负责项目的经营管理工作，建立健全经营管理体系，对工程成本控制、计量管理、合同管理、资金管理、物资管理等负直接责任。

（5）项目安全总监

项目安全总监主要负责项目安全管理和文明施工保障等方面的工作，包括建立健全项目安全管理体系、安全管理制度、文明施工管理指南等；负责施工项目的总体安全部署，包括施工作业现场的生产安全，保障施工过程中队伍文明施工；加强各种地质灾害的应急预案，并做好废水、废气、废弃垃圾等的安全排放，履行项目环境保护目标；保障作业人员的健康和人身安全。项目安全总监是项目安全生产的直接责任人，对项目生产安全问题负直接责任。

2．职能部门的主要职责

（1）工程管理部

①协助项目总工程师开展技术管理工作，进行图纸会审、施工方案编制及技术交底，负责新技术、新材料、新工艺的开发与应用。

②协助总工程师开展质量管理工作，负责质量保证体系的贯彻、执行，进行工程质量验收、检查及质检资料管理。

③协助项目生产副经理开展生产管理工作，进行施工进度计划编制、现场生产进度管控、施工日志管理。

④负责工程测量放样、校核及安全监测配合工作。

⑤负责工程原材料、过程产品的试验检测工作。

⑥协助项目总经济师开展合同管理工作，负责计量计价、目标成本控制、合同管理、分包招标等工作。

（2）安全环保部

①协助项目安全总监开展安全文明施工管理工作，负责安全文明施工体系

的贯彻、执行。

②进行施工现场安全生产、文明施工管理，开展重大危险源辨识、安全监督检查活动、安全演练、民工安全教育培训活动等工作。

（3）设备物资部

①协助项目总经济师开展设备、材料等的采购及维护工作。

②协助工程管理部对材料供应商进行招标。

③负责材料核销工作。

（4）劳资财务部

①协助项目总经济师开展资金管理工作，实施财务管理和会计核算工作，办理合同拨付款、工程保险、税金业务。

②负责项目部人力资源管理工作、职工工资发放等。

（5）综合协调部

①负责征地拆迁协调、对外接待、职工日常生活保障等工作。

②负责项目部对外文件的报送、接收、存档等工作。

第三节　施工总平面布置

根据市政道路工程“短、平、快”的特点，在编制项目总体策划、施工组织设计等纲领性文件的同时，施工总平面布置需同步进行。为确保现场施工布置满足总体策划及施工组织设计的要求，三项工作同时进行时，应坚持统一的原则和内容。

一、施工布置原则

施工总平面布置主要包括生活营地、施工生产辅助设施以及交通道路的布置等。施工布置原则主要有以下几点。

（1）遵循因地制宜、因时制宜、有利生产、方便生活、易于管理、安全可靠、经济合理的原则。

（2）考虑临建工程和永久工程相结合。

（3）根据施工需要分阶段逐步形成，做好前后衔接，避免影响主体工程施工。

（4）办公区、生活区、作业区应分区布置，并符合消防、卫生、环保和节约用地的要求。

（5）作业区内各功能区应分开布置，相对独立，减少施工时彼此的干扰。

二、施工布置内容

施工临时设施应根据工程特点及需要情况进行布置，一般包括以下项目：

（1）办公、生活营地；

（2）交通布置，含场外交通及场内交通；

（3）施工用风、水、电；

（4）施工用辅助生产设施（含钢筋加工厂、木材加工厂、预制件厂、混凝土拌和站）；

（5）机械设备、材料临时存放场；

（6）弃土（渣）场。

三、施工布置条件

在施工临时设施前，应结合工程内容、规模及所在地，调查以下基本资料，并综合考虑施工布置方案。

（1）当地有关部门对工程施工的要求。

（2）工程周边交通运输条件和通行能力。

（3）工程周边水、电以及其他动力供应条件。

（4）当地砂、石、水泥、钢筋等建筑材料的供应情况，以及食品、生活用品等物资的供应情况。

（5）工程现场地形地貌条件，可利用的土地范围以及与征地有关的情况。

（6）工程地质、水文地质、气象资料。

四、施工布置方案

（一）办公、生活营地

1．位置规划

根据市政工程的特点，办公、生活营地位置规划可选择以下方案：

（1）就近租用当地建筑用房（包括居民住房、企业办公楼、已完工程项目单位建设的施工营地等）作为办公、生活营地；

（2）在工程范围内新建办公、生活营地。

2．布置内容

根据工程特点，办公、生活营地应统一规划、集中布置，主要布置内容有：

（1）业主、监理、项目部职工、施工班组的宿舍、食堂等生活设施；

（2）办公室、会议室、资料室、档案室等办公设施；

（3）厕所、浴室等卫生设施；

（4）盥洗间、晾衣区、民工夜校、停车场等附属设施；

（5）消防保障设施；

（6）治安保卫和文体娱乐设施；

（7）污水处理设施，垃圾站、绿化、排水沟等环保设施。

（二）交通布置

（1）根据市政工程紧邻城镇的特点，场外交通一般可利用现有市政道路，场内交通根据工程特点、运输强度等因素确定。根据项目实际情况，对场地进出口地面和场地内主要道路路面进行工程处理，应采用普通混凝土或沥青混凝土进行路面硬化，并且进出口场地地面硬化长度不小于两辆大车的车身长度。

（2）施工现场设置大门、减速带（挡水带）、冲洗设备、排水沟、沉淀池及黄线等。

（3）“九牌一图”应设置于施工现场大门外明显位置。当拟创建标准化工地时，应增设创建安全文明施工标准化工地承诺牌。

（三）施工用风、水、电

1．施工用风

市政工程施工用风的项目主要有石方人工开挖、灌浆作业、受限空间作业通风等。根据用风的分布和负荷特点，一般采用移动式空压机进行供风。

2．施工用水

（1）生活用水

根据市政工程紧邻城镇的特点，施工生活用水可采用以下方式：

①就近利用市政自来水系统供应，加水表装置计量，须提前与市政自来水供应单位对接；

②打井取水。

（2）生产用水

施工生产用水可采用在就近河道、沟渠、水塘旁设取水点的方式。施工过程中应定期检测水质，符合要求后方可用于施工。

3．施工用电

根据市政工程紧邻城镇的特点，施工用电可采用以下方式：

（1）若大负荷用电点较集中，可采用系统电源，建立箱式变压器，降压后使用，须提前与市政供电部门对接；

（2）若施工线路较长、作业点面较多，可采用移动式柴油发电机供电。

（四）施工辅助生产设施

1．钢筋加工厂

（1）钢筋加工厂的组成

钢筋加工厂的区间组成和工作范围见表 1-3 所列。

表 1-3　钢筋加工厂的区间组成和工作范围

名　称	组　成	工作范围
钢筋加工厂	冷拉工段或预应力车间	冷拉兼做调直和去锈
	钢筋加工车间	切断、弯曲、调直、墩头
	成形车间	网片电焊、钢筋骨架焊接、绑扎
	原材料仓库	原材料储存、上盖下垫
	成品堆场	堆放成品
	废品堆场	零星钢筋头堆存

注：各组成部分可根据工程特点增减。

（2）布置要求

①原材料仓库、各主要生产车间及成品仓库，尽可能呈直线布置，便于流水作业。

②根据钢筋加工要求，车间内可设粗钢筋直条加工、细钢筋线材加工等流水作业线。粗、细钢筋加工线宜平行布置。

③车间内外运输，应充分利用滚道台、单轨吊车、平板车等运输工具，减少人力搬运。生产规模较大时，可配桥式吊车。

④调直切断机至放线盘的净距不小于 3 m。

⑤加工车间地面须硬化，宜选用砼地面。

⑥应在车间顶部张贴（挂）安全警示标识和安全宣传用语的横幅，在车间醒目位置悬挂操作规程图牌。

2．木材加工厂

（1）木材加工厂的组成

木材加工厂的区间组成和工作范围见表 1-4 所列。

（2）布置要求

①加工车间和堆场一般应顺生产流水线方向呈长条形布置。

②木材加工车间须符合防火的有关规定，平面布置应考虑消防要求。此外，木料车间和木料堆场都需配备充足的消防设施。

表 1-4 木材加工厂的组成和工作范围

名 称	组 成	工作范围
木材加工厂	锯材车间	原木加工
	配料、机木车间	木材加工成型
	细木车间	建筑木制品及家具制作
	模板装配车间	装配各种模板
	原木堆场	堆放原木
	半成品、成品堆场	堆放锯材、模板等
	废品堆场	堆放锯末、刨花等

注：根据市政工程的特点，一般可购买成品木模板，根据结构特点再加工即可。木材加工厂的区间组成可适当减少。

③木材加工车间内的工艺布置，除满足消防要求外，还应保证设备安装和拆卸灵活、设备操作边界，同时在木材加工车间内还应具备一定数量的中间产品堆放场地。

④应在车间顶部应张贴（挂）安全警示标识和安全宣传用语的横幅，在车间醒目位置悬挂操作规程图牌。

3．混凝土预制件厂

根据市政工程紧邻城镇的特点，混凝土预制件一般选择在当地预制件厂进行加工制作，然后运输至现场直接安装。确定厂家前，应根据混凝土预制件总量和计划工期确定生产规模，进行比较后择优。

4．混凝土拌和站

根据市政工程紧邻城镇的特点，混凝土拌和站一般选用当地商品混凝土，一般招标文件会指定混凝土拌和站参考厂家。确定厂家前，应根据混凝土总量和计划工期确定生产规模，在实施过程中应每月提供商品混凝土计划。

（五）机械设备、材料堆放场

施工现场材料应集中堆放，做到上盖下垫。机械设备和一般材料堆放场应采用混凝土地坪，并设置棚建设施或板房防雨。

（六）弃土（渣）场

对于市政工程项目，一般业主单位不会指定弃土（渣）场，由施工单位自行协调解决。开工前，应积极和周边政府相关部门联系，确定渣场位置和堆存量。

第二章 >>>

项目技术管理

项目技术管理一般是指项目部技术管理部门和相应人员对施工过程中的技术活动或工作进行的系统管理。项目部在技术管理方面的重点是强化技术基础管理，重视施工技术调查，以项目实施阶段施工组织设计和相关技术方案的编制和动态优化为管理核心，以设计变更为突破口，以新工艺、新技术、新材料、新设备等“四新”技术的应用为依托，建立最佳技术秩序，确保施工项目良好履约并获得最佳经济效益。

项目技术管理的主要内容如图 2-1 所示。

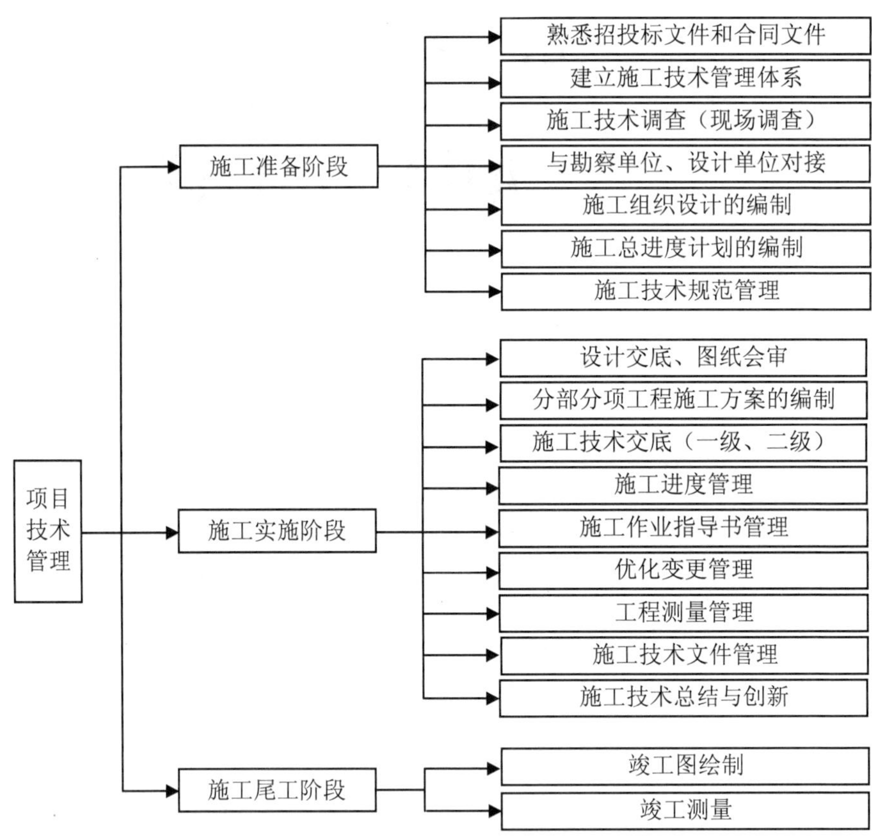

图 2-1　项目技术管理的主要内容

第一节　施工准备阶段技术管理

一、熟悉招投标文件、合同文件

施工准备阶段，相应人员应仔细阅读招标文件、投标文件和合同文件，了解合同文件关于技术标准、工期进度、工程质量、安全文明施工、材料、设备、试验检测、变更索赔、计量支付等的相关要求，以及对边界条件的约定；同时，熟悉投标工程量清单，了解清单项目名称、项目特征，统计主要工程量。

二、建立施工技术管理体系

（一）建立技术管理体系

项目部的工程技术管理一般实行项目经理领导下的项目总工程师负责制，并以此构建项目工程技术管理体系（如图 2-2 所示）。

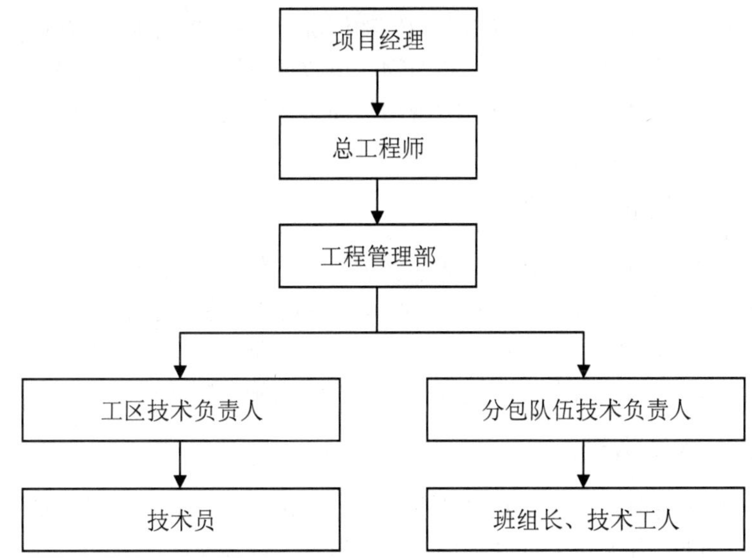

图 2-2　项目工程技术管理体系

（二）建立制度和制定规范文件

制度是管理的有形化表现，体现了管理的流程、规则及要求。项目开工之初，应结合工程项目实际，建立较为完备的制度体系，并及时将制度文件下发工区、作业队，同时做好对项目部全体技术人员、作业队伍负责人及技术人员的宣贯。项目部在建立相关制度的同时，还应制定出施工规范技术类的规范性文件，包括：

（1）《施工技术管理办法》；

（2）《施工安全技术措施管理规定》；

（3）《施工进度管理办法》；

（4）《施工日志管理办法》；

（5）《施工图纸管理规定》；

（6）《工区、作业队技术负责人管理办法》。

三、施工技术调查

在项目正式动工前，应结合已有的设计资料开展施工技术调查工作，主要调查内容有以下几个方面。

（一）施工障碍物调查

现场放样征地红线，调查施工障碍物情况，并统计上图，留存影像资料。施工障碍物主要有房屋、树木、农作物、市政地下管线、架空线路、天然气管道等。同时，应调查施工场地、障碍物与周边环境的相关关系，分析障碍物可能对施工造成的影响。

（二）地形地貌复测

地形地貌复测是工程开工前期的一项重要工作。进场动土之前，应联合各参建方对现场地形地貌进行实测，并形成实测资料，各参建方签字确认后存档。

原始地形地貌的影像资料要齐全，应分三个阶段对其进行收集，分别为开挖清表施工前、开挖清表施工过程中、开挖清表施工完成后。

（三）水系调查

调查工程用地范围内的水系情况（包括河流宽度、高程、过流情况等），核实设计图纸中有无相关处理措施且是否符合实际需求。

（四）现状交叉道路调查

调查工程用地范围内的现状道路（包括道路等级、宽度、结构层及厚度等），核实设计图纸中有无相关处理措施且是否符合实际需求。

（五）不良土基调查

调查工程红线范围内的水田、鱼塘、积水洼地等的分布情况（包括面积、软土深度、水深等），并核实设计图纸是否符合现场实际。

四、与勘察单位及设计单位对接

（一）勘察、设计资料

勘察单位主要负责工程地质勘察、管探、测绘工作，其形成的工程地质勘察报告、管探资料（若有）等，将由业主单位下发给施工单位。

市政工程设计图纸一般分为初步设计、送审版、审定版三个版本（如图 2-3 所示）。其中，针对初步设计、送审版图纸，一般业主单位会组织内部审查会，由业主、过控、监理、设计、接管等单位参加，会后设计单位将根据审查意见在业主要求的时间内完成对图纸的修改，并形成审定版图纸。审定版图纸经图审单位审查，由业主下发给监理、过控、施工等单位。

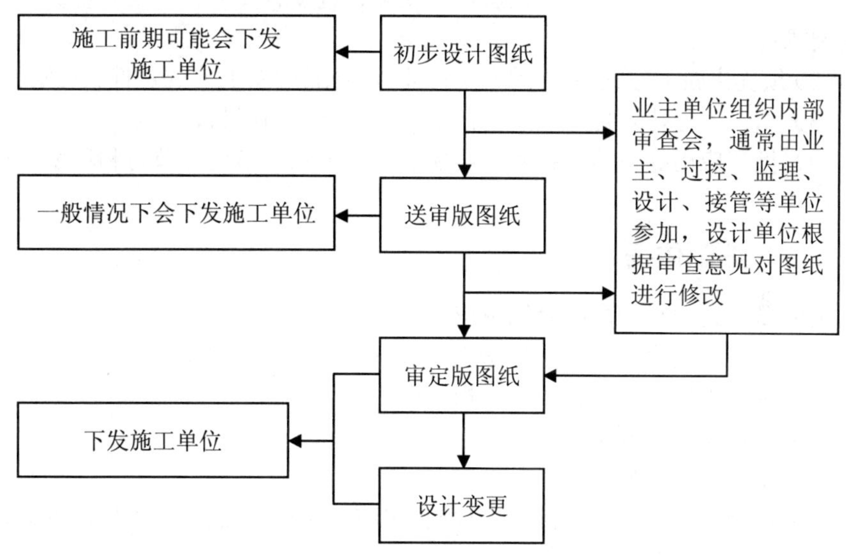

图 2-3　设计图纸版本类别

（二）地勘、设计前期对接

对接设计图纸应在审定版图纸下发之前进行，对接过程中达成的意见可在审定版图纸中进行修改。若审定版图纸下发后仍有改动，则需进行设计变更。

施工单位在接收到设计图纸之后，应组织技术人员仔细熟悉，从图纸本身疑问、经营计量角度、材料设备采购、项目效益等方面梳理罗列各类问题及解决方案，并进行分析、评估，再派专人与业主、设计单位相关负责人具体对接。

针对市政道路工程，勘察方面的对接主要从土石比、土质、岩性等方面着手；设计方面的对接主要从路基填料、路基边坡坡度、路基处理、深沟槽支护等方面着手。

五、施工组织设计编制

施工组织设计既是指工程中标后，项目部根据设计图纸、施工合同、管理目标、公司内外施工资源等，结合现场实际情况，对投标施工组织设计进行调整、优化的过程，也指指导工程项目整个施工过程的综合性、基础性施工技术文件。

（一）编制原则

编制施工组织设计应遵循以下原则：

（1）符合施工合同有关工程质量、安全、进度、文明施工及环境保护等方面的要求；

（2）须优化施工方案，达到合理的技术经济指标，并具有先进性和可实施性；

（3）结合工程特点推广应用新技术、新工艺、新材料、新设备；

（4）推广应用绿色施工技术，实现节能、节水、节地、节材和环境保护的目的。

（二）编制依据

编制施工组织设计主要有以下依据：

（1）与工程建设有关的法律法规、规章制度和规范性文件；

（2）国家现行标准和技术经济指标；

（3）工程施工合同文件；

（4）工程设计文件；

（5）地域条件和工程特点，工程施工范围内及周边的现场条件，气象、工程地质及水文地质等自然条件；

（6）与工程有关的资源供应情况；

（7）企业的生产能力、施工机具状况、经济技术水平等。

（三）施工组织设计

施工组织设计需要包含工程概况、施工总体规划、施工现场平面布置、施工准备工作、施工技术方案以及主要的施工保障措施等内容。

1．工程概况

工程概况应包括工程主要情况及现场施工条件等相关信息。

（1）工程主要情况包括工程的地理位置、承包范围、各专业工程的结构形式、主要工程量、合同要求等。

（2）现场施工条件应包括气象条件、工程地质和水文地质状况、影响施工的构（建）筑物情况、周边主要单位（居民区）情况、道路及交通情况、可利用资源的分布等其他应说明的情况。

2．施工总体规划

施工总体规划应包括主要的工程目标、整体组织安排、总体施工计划、施工进度计划及整体资源配置等要素。

（1）主要的工程目标应包括进度、质量、安全和环境保护等目标。

（2）整体组织安排应确定项目经理部的组织机构及管理层级，明确各层级的责任分工，宜采用框图的形式辅助说明。

（3）总体施工计划应根据工程特点，确定施工顺序、空间组织，并对施工作业的衔接进行总体安排。

（4）施工进度计划是确定施工进度的关键，宜采用网络图或横道图及进度计划表等形式编制，并附必要说明。

（5）整体资源配置应确定下列内容：

①确定总体劳动力需求、各类工种人力需求及各个施工阶段所需的各类工种的劳动力投入计划；

②确定主要建筑材料、构配件和设备的进场计划，详细说明其规格、数量及进场时间等信息；

③确定主要施工机械设备的进场计划，明确具体型号、数量及进出场时间等相关细节。

3．施工现场平面布置

施工现场的平面布置除满足第一章第三节施工总平面布置中的相关要求外，还应按下列要求布置。

（1）施工现场平面布置的原则如下：

①占地面积小，平面布局合理；

②总体策划满足工程分阶段管理的需要；

③充分利用现有道路、构（建）筑物，降低临时设施费用；

④符合安全、消防、环境保护、文明施工及水土保持等相关要求；

⑤符合当地主管部门、建设单位及其他相关部门的规定。

（2）施工现场平面布置的内容如下：

①确定生产、生活和办公区域等各类设施的建设方式和动态布置安排；

②确定临时便道、便桥的位置和结构形式，并说明现场交通的组织形式；

③根据工程量和总体施工安排，确定辅助施工生产区域，包括加工厂、材料堆放场、拌和站和机械材料停放场等，并详细说明它们的位置、面积、结构形式和运输路径；

④确定施工现场临时用水、临时用电的布置安排，并进行相应的计算和说明；

⑤确定现场消防设施的布置方案，并对其进行简要说明。

（3）依据工程项目施工影响范围内的地形、地貌、地物及拟建工程主体等，绘制施工现场总平面布置图。

4．施工准备工作

施工准备工作应根据施工总体规划确定。施工准备工作应包括技术准备、现场准备、资源准备等。

（1）技术准备涵盖了技术资料准备及工程测量方案等内容；

（2）现场准备包括现场生产、生活、办公等临时设施的安排与计划；

（3）资源准备包括施工机具、劳动力、建筑材料及设备的安排。

5．施工技术方案

各专业工程应通过技术、经济比较编制施工技术方案。施工技术方案涵盖了施工工艺流程及施工方法，并要求满足下列两点：

（1）考虑工程的特点、现行的标准、工程图纸以及可利用的现有资源，明确施工起点、流向和施工顺序，确定各分部（分项）工程施工工艺流程，宜采用流程图的形式表示；

（2）确定每个分部（或分项）工程的施工方法，并结合工程图表等形式进行辅助说明。

6．主要的施工保证措施

主要的施工保证措施需要根据工程的特点编写，包括进度保证措施、质量保证措施、安全管理措施、环境保护及文明施工管理措施、季节性施工保证措施、交通组织措施、成本控制措施、构（建）筑物及文物保护措施、应急措施等。可根据工程特点和复杂程度对季节性施工保证措施、交通组织措施、成本控制措施、构（建）筑物及文物保护措施进行取舍。

（1）进度保证措施

进度保证措施应该包括管理方面和技术方面的保证措施。

①管理保证措施主要包括组织保证措施、资源保证措施、资金保障措施、

沟通协调措施等。

②技术保证措施主要包括分析影响施工进度的关键工作，制定关键节点控制措施；同时充分考虑影响进度的各种因素，进行动态管理，制定必要的纠偏措施。

（2）质量保证措施

质量保证措施也应该包括管理措施和技术措施。

①管理措施主要包括建立质量管理组织机构并明确职责和权限，建立质量管理制度，制定对资源供应方及作业队伍的管理措施等。

②技术措施主要包括施工测量误差控制措施，建筑材料、构配件和设备、施工机具、成品（半成品）进场检验措施及保护措施，重点部位及关键工序的保证措施，质量通病预防和控制措施，工程检测保证措施等。

（3）安全管理措施

①建立安全施工管理组织机构并明确职责和权限；

②建立安全施工管理制度；

③根据危险源辨识和评价的结果，按工程内容和岗位职责对安全目标进行分解，并制定必要的控制措施；

④确定安全施工管理资源配置计划。

（4）环境保护及文明施工管理措施

①建立环境保护及文明施工管理组织机构并明确职责和权限；

②建立环境保护及文明施工管理检查制度；

③施工现场环境保护措施主要包括扬尘烟尘防治措施、噪声防治措施、生活生产污水排放控制措施、固体废弃物管理措施、水土流失防治措施等；

④施工现场文明施工管理措施主要包括出入口管理措施、办公生活及生产辅助设施等临时设施管理措施、施工机具管理措施、建筑材料和设备管理措施、卫生管理措施、便民措施等；

⑤确定环境保护及文明施工管理资源配置计划。

（5）季节性施工保证措施

依据当地气候、水文地质和工程地质条件、施工进度计划等，制定雨季、低（高）温及其他季节性施工保证措施。

①针对雨季对分部（分项）工程施工的影响，制定雨季施工保证措施，并编制施工资源配置计划。

②针对低（高）温对分部（分项）工程施工的影响，制定低（高）温施工保证措施，并编制施工资源配置计划。

③针对其他季节性问题，制定施工保证措施。

（6）交通组织措施

针对施工作业区域内及周边交通，制定交通组织措施。交通组织措施应包括交通现状情况、交通组织安排等内容。

①交通现状情况主要有施工区域内及周边的主要道路、交通流量等影响因素。

②交通组织安排主要有以下内容。

a. 依据总体施工计划划分交通组织实施阶段，并确定各阶段的交通组织形式和人员配置，绘制各阶段的交通组织平面示意图。交通组织平面示意图的内容主要包括施工作业区域内及周边的道路情况、围挡布置、临时便道及便桥设置、车辆及行人通行线路、临时交通标识及交通设施的设置等（如图 2-4 所示）。

b. 确定施工作业影响范围内主要交通路口和重点区域的交通疏导方式，并绘制交通疏导示意图。交通疏导示意图的内容主要包括车辆及行人通行线路、围挡布置、施工区域出入口设置、临时交通标识及设施的设置等。

③有通航要求的工程，须制定通航保障措施。

（7）成本控制措施

①建立成本控制体系，对成本控制目标进行分解；

②根据工程规模和特点，进行技术经济分析并制定管理和技术措施，控制人工费、材料费、机械费、管理费等成本。

（8）构（建）筑物及文物保护措施

①对施工影响范围内的构（建）筑物和地表文物进行调查，调查情况以文字、表格或平面布置图等形式进行说明；

②评估工程施工对施工影响范围内构（建）筑物的影响，制定相应的保护、监测和管理措施；

③制定针对构（建）筑物意外情况的应急处理措施；

④针对施工过程中发现的文物制定现场保护措施。

（9）应急措施

针对施工过程中可能发生事故的紧急情况编制应急措施。应急措施主要包括以下内容：

①建立应急救援组织机构，组建应急救援队伍并明确职责和权限；

②分析评价事故可能发生的地点和可能造成的后果，制定事故应急处置程序、现场应急处置措施及定期演练计划；

③应急物资和装备保障。

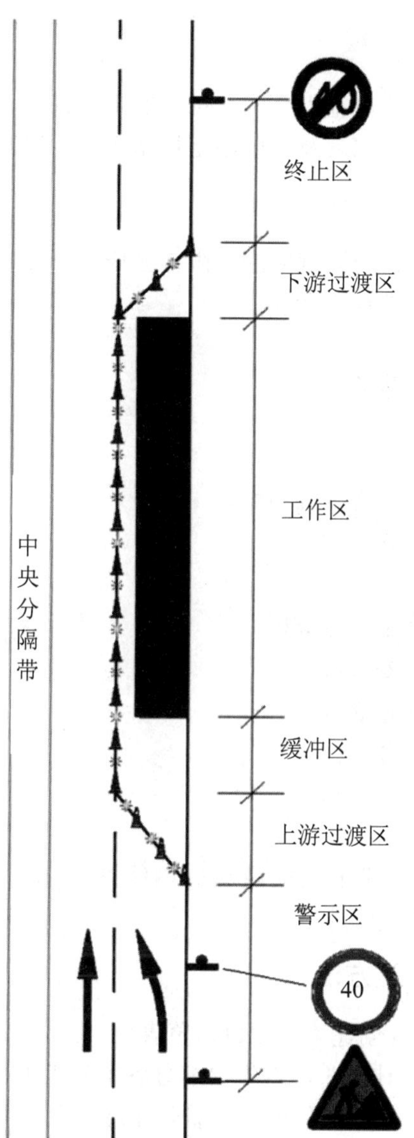

图 2-4　施工作业区域内各组成部分示意图

六、施工总进度计划编制

工程项目在施工准备阶段，应根据施工合同规定的开工日期、竣工日期、总工期和总施工组织设计确定施工总进度目标，编制施工总进度计划。

（一）编制依据

施工总进度计划应依据施工合同中规定的工期目标、施工方案、工期预算、相关技术经济资料、施工部署及主要施工措施等进行编制。

（二）编制要求

（1）保证工程施工在合同规定的期限内完成；
（2）保证施工连续性和均衡性；
（3）节约成本；
（4）迅速发挥投资效益。

（三）编制内容

施工总进度计划一般含下列内容：
（1）编制依据及原则；
（2）工程概况；
（3）工程进度管理重难点分析；
（4）工程施工程序安排；
（5）施工总进度计划安排；
（6）施工强度指标分析；
（7）施工资源配置；
（8）工期保障措施。

施工总进度计划一般采用横道图或网络图表示。横道图一般要求采用 Project 项目管理软件进行编制。

（四）编制步骤及方法

1. 划分施工项目并创建工程项目一览表

在起草施工总进度计划时，首先要细分各个施工项目，并创建工程项目一览表（见表 2-1 所列）。在细分列表时需要注意以下事项。

（1）对施工项目进行划分时，应考虑工程的实际情况，并与确定的施工方法相匹配。临时设施和附属项目可以合并列出。

（2）在填写一览表时，要结合工程的特点逐项填写，确保不遗漏任何项目，保证计划的准确性。

表 2-1 工程项目一览表示例

序 号	单位工程	分部分项工程	备 注
1	×××桥梁	桩基	
2		承台	
3		墩柱	
4		盖梁	
5		支座	
6		现浇梁	
7		桥面附属	可根据附属类别再具体细分
8	×××雨水管道	沟槽开挖	
9		垫层施工	
10		管道安装	
11		检查井	
12		闭水试验	
13		沟槽回填	

2．工程量计算

根据施工图纸和相关的工程数量的计算规则，按照工程的施工顺序逐个计算施工项目的实物工程量，并逐项填入表格中。在计算和填表时应注意以下问题。

（1）工程数量的计算单位应与相应的定额或合同文件中规定的计量单位一致。

（2）除计算实物工程量外，还需要考虑大型临时设施的工程量，如场地平整的面积、便道和便桥的长度等。

（3）根据施工组织的要求，按照已经确定的施工段进行分层分段计算。

3．计算劳动量和机械台班数

工程项目中的劳动量可以用工程量与相应时间定额的乘积来表示。计算公式可以表示为

$$P=QH \text{ 或 } P=Q/S$$

式中，P 表示劳动量，可以用工日或台班来度量；Q 表示工程量；S 表示产量定额；H 表示时间定额。

在计算劳动量时，既可根据企业的施工定额计算，也可以按照建设行业现行的预算定额和劳动定额计算。劳动量的计量单位通常用“工日”来表示人工

部分，而使用“台班”来表示机械部分。

4．确定施工期限

施工期限是根据合同工期来确定的，但同时也要考虑工程的特点、施工方法、施工管理水平、施工机械化程度以及施工现场的条件等因素。

根据施工组织的要求，针对每项工作项目所需的劳动量或机械台班数，以及每天安排的工人数或配备的机械台数，计算各工作项目的持续时间。如果采用流水线式的施工组织方式，也可以采用倒排的方式来安排进度，即首先确定各工作项目的持续时间，然后依次确定各工作项目所需的工人数和机械台数。

5．确定开工和竣工时间，以及各项目之间关系协调

确定开竣工时间和各项目之间关系协调主要考虑以下几点。

（1）避免同时施工的项目过多，以免人力、物力过于分散。

（2）努力实现施工的均衡，确保劳动力、施工机械和主要材料在整个工期范围内供应均衡。

（3）尽量提前建设可供工程施工使用的永久性工程，以节省临时工程费用。

（4）优先进行急需和关键的工程施工，以确保工程项目如期交付使用。对于一些技术复杂、施工周期较长、存在较多施工困难的工程，应提前安排施工，以确保整个工程项目按期完成。

（5）施工顺序必须与主要系统投入使用的先后次序相匹配，合理安排配套工程的施工时间，确保建成的工程能够迅速投入使用。

（6）注意季节对施工顺序的影响，确保施工季节不会导致工期延误，也不会影响工程质量。

（7）安排一部分附属工程或零星项目作为后备项目，以调整主要项目的施工进度。

（8）注意主要工序和主要施工机械的连续施工。

6．编制施工进度计划图

在绘制施工进度计划图时，需要选择合适的表达形式，常用的有横道图和网络图。针对整个工地的流水作业安排，应以工程量大、工期长的工程为主导，组织多条流水线，并以此带动其他工程。

7．检查和优化调整进度计划

在完成对施工进度计划方案的编制后，需要对其进行检查和优化调整，以使进度计划更加合理。需要检查调整的内容包括：

（1）各工作项目的施工顺序是否平行搭接以及技术间歇是否合理；

（2）总工期是否符合合同要求；

（3）主要工序的工人数是否能满足连续、均衡施工的要求；

（4）主要机具、材料等的利用是否均衡且充分。

七、施工技术规范管理

在收到设计单位或业主单位的设计文件或技术文件后，对文件进行审查，结合现行发布的工程规范、规程，识别本项目施工需要的技术标准和规范、规程，制定项目部适用的技术标准和规范、规程的有效版本目录。

在施工过程中，项目部可采用专题学习、技术交底等方式，组织项目部、工区、施工班组技术人员有针对性地学习技术标准和规范、规程，并根据需求，登记技术标准和规范、规程发放台账，进行受控发放。

第二节　施工实施阶段技术管理

一、设计交底及图纸会审

（一）设计交底流程

设计单位一般在工程开工之前，向施工单位、监理单位、建设单位进行设计交底，说明设计意图，解释设计文件，提醒注意事项等。

项目部在接到工程设计图纸（文件）后，由总工程师组织相关技术人员进行内部会审，核对工程设计图纸（文件），对设计文件中存在的问题和疑问做好记录，并提出修改意见，在设计交底时向设计单位提出，由设计单位解答。

设计单位对设计图纸（文件）的交底内容，施工单位及有关单位提出的问题及设计单位的解答均应写在图纸会审记录中。各参建单位在审阅交底记录的真实性、准确性后，均应签字盖章。签字盖章手续必须齐全。

图纸会审记录需要制作 6 份，建设单位、设计单位、监理单位、施工单位、监督单位、城建档案馆各一份。

（二）图纸会审内容

图纸会审时主要审阅以下内容。

（1）设计施工图纸与设备、特殊材料的技术要求是否一致。

（2）所有的设计图（包括复用图和标准图）和设计文件是否齐全，采用的标准规范是否明确。

（3）各种材料的型号、规格、数量是否满足施工需要。

（4）设计与施工主要技术方案是否相适应。

（5）图纸设计深度能否满足施工需要。

（6）构件划分和加工要求是否符合施工能力。

（7）施工过渡是否可行，图纸与实际是否相符。

（8）各专业之间设计是否协调，包括但不限于设备外形尺寸与基础尺寸的匹配情况，建筑物预留孔及预埋件与安装图纸要求的符合程度，设备与系统连接部位的准确性，管线之间的相互关系是否正确等。

（9）设计采用的新材料、新工艺、新技术是否清楚，其品种、数量、规格在施工技术、机具和物资供应上有无困难。

（10）总图、分布图、分项图、构件图之间是否协调一致，安装图纸和土建图纸是否协调一致，总图与分图之间尺寸有无矛盾等。

（11）根据图纸目录，核对施工图纸是否齐全完整，图纸的尺寸、坐标、标高等数据是否明确。

（12）各类管道、电缆等布置是否合理，坐标、规格是否正确。

（13）设备管口方位、接管规格与管道安装图、土建基础图是否吻合。

（14）各专业工程设计是否便于施工，是否经济合理。

（15）设计能否满足生产运行安全经济的要求和检修作业的合理要求。

（16）设备布置及构件尺寸能否满足设备运输及吊装要求。

（17）设计能否满足设备与系统启动调试要求。

（18）设计图纸与招标设计图纸相比是否有重大变化。

二、分部分项工程施工方案编制

以市政工程中各专业工程的分部分项工程为主要对象单独编制施工方案，用以具体指导施工过程。

（一）施工方案类别

根据市政工程特点，施工方案主要分为施工技术措施、安全文明施工方案、危险性较大的分部分项工程安全专项施工方案。

1. 施工技术措施

根据市政道路工程的专业特点，其施工技术措施主要有：

（1）路基工程施工方案；

（2）路面工程施工方案；

（3）人行道工程施工方案；

（4）雨水、污水管道工程施工方案；

（5）电力浅沟工程施工方案；
（6）通信工程施工方案；
（7）给水工程施工方案；
（8）交通工程施工方案；
（9）照明工程施工方案；
（10）桥梁施工方案（桩基、下部结构、上部结构、桥面系）；
（11）管涵施工方案；
（12）河道整治施工方案；
（13）景观绿化施工方案；
（14）综合管廊施工方案（土建、安装、调试）；
（15）电力隧道施工方案（土建、安装）；
（16）土石平衡施工方案；
（17）既有管线迁改或保护方案；
（18）交通疏解组织方案。

2．安全文明施工方案

根据市政道路工程的施工安全危险源特点，其安全文明施工方案包括以下类别：

（1）安全文明施工专项方案；
（2）有限空间安全作业专项方案；
（3）防洪度汛专项施工方案；
（4）城乡环境综合治理专项工作方案；
（5）强夯施工安全专项方案；
（6）专项应急预案及现场处置方案，又可细分为：
①防洪度汛应急预案及现场处置方案；
②坍塌事故应急预案及现场处置方案；
③溺水事故应急预案及现场处置方案；
④火灾应急预案及现场处置方案；
⑤车辆伤害事故应急预案及现场处置方案；
⑥起重伤害事故应急预案及现场处置方案；
⑦机械伤害事故应急预案及现场处置方案；
⑧物体打击事故应急预案及现场处置方案；
⑨高处坠落事故应急预案及现场处置方案；
⑩触电事故应急预案及现场处置方案；
⑪中毒和窒息应急预案及现场处置方案；

⑫环境污染事故应急预案及现场处置方案。

3．危险性较大的分部分项工程安全专项施工方案

根据《危险性较大的分部分项工程安全管理规定》（住房和城乡建设部令第37号），施工单位应当在危险性较大的分部分项工程施工前，组织工程技术人员编制专项施工方案。对于超过一定规模的危险性较大的分部分项工程，施工单位应当组织专家召开专家论证会对专项方案进行论证。

下面对危险性较大的分部分项工程范围和超过一定规模的危险性较大的分部分项工程范围进行介绍。

（1）危险性较大的分部分项工程范围

①基坊工程，包括开挖深度超过3 m（含3 m）的基坑（槽）的土方开挖、支护、降水工程，以及虽未超过3 m但地质条件和周边环境复杂的基坑（槽）的土方开挖、支护、降水工程。

②模板工程及支撑体系，包括各类工具式模板工程（如大模板、滑模、爬模、飞模等）、混凝土模板支撑工程（搭设高度5 m及以上，或搭设跨度10 m及以上，或施工总荷载10 kN/m^{2}及以上，或集中线荷载15 kN/m^{2}及以上，或高度大于支撑水平投影宽度且相对独立无联系构件的混凝土模板支撑工程）、承重支撑体系（用于钢结构安装等满堂支撑体系）。

③起重吊装及安装拆卸工程，包括采用非常规起重设备、方法，且单件起吊重量在10 kN及以上的起重吊装工程；采用起重机械进行安装的工程；起重机械安装和拆卸工程。

④脚手架工程，包括搭设高度 24 m 及以上的落地式钢管脚手架工程，附着式升降脚手架工程，悬挑式脚手架工程，高处作业吊篮，卸料平台、操作平台工程，新型及异型脚手架工程。

⑤拆除工程，包括建筑物、构筑物拆除工程。

⑥其他：建筑幕墙安装工程；钢结构、网架和索膜结构安装工程；人工挖扩孔桩工程；地下暗挖、顶管及水下作业工程；预应力工程；采用新技术、新工艺、新材料、新设备可能影响工程施工安全，尚无相关技术标准的分部分项工程。

（2）超过一定规模的危险性较大的分部分项工程范围

①深基坑工程，包括开挖深度超过 5 m（含 5 m）的基坑（槽）的土方开挖、支护、降水工程。

②模板工程及支撑体系，包括各类工具式模板工程（滑模、爬模、飞模工程）、混凝土模板支撑工程（搭设高度8 m及以上，或搭设跨度18 m及以上，

或施工总荷载 15 kN/m^2 及以上，或集中线荷载 20 kN/m 及以上）、承重支撑体系（用于钢结构安装等满堂支撑体系，承受单点集中荷载 700 kN 以上）。

③起重吊装及安装拆卸工程，包括采用非常规起重设备、方法，且单件起吊重量在 100 kN 及以上的起重吊装工程；起重量 300 kN 及以上的起重设备安装工程；高度 200 m 及以上内爬起重设备的拆除工程。

④脚手架工程，包括搭设高度 50 m 及以上的落地式钢管脚手架工程；提升高度在 150 m 及以上的附着式升脚手架工程或附着式升降操作平台；分段架体塔设高度 20 m 及以上的悬挑式脚手架工程。

⑤拆除工程，包括码头、桥梁、高架、烟囱、水塔或拆除中容易引起有毒有害气（液）体或粉尘扩散、易燃易爆事故发生的特殊建（构）筑物的拆除工程；可能影响行人、交通、电力设施、通信设施或其他建（构）筑物安全的拆除工程；文物保护建筑、优秀历史建筑或历史文化风貌区影响范围内的拆除工程。

⑥其他：施工高度 50 m 及以上的建筑幕墙安装工程；跨度 36 m 及以上的钢结构安装工程，或跨度 60 m 及以上的网架和索膜结构安装工程；开挖深度 16 m 及以上的人工挖孔桩工程；地下暗挖工程、顶管工程、水下作业工程；采用新技术、新工艺、新材料、新设备可能影响工程施工安全，尚无相关技术标准的分部分项工程。

（二）施工方案编制内容

1．施工技术措施方案的编制

施工技术措施方案主要包括以下内容。

（1）编制依据：招投标及合同文件，设计及勘察文件，现行规程、规范及技术标准，相关会议纪要等。

（2）工程概况：工程概述、工程地质、水文条件、主要技术指标等。

（3）主要工程量：设计工程量、措施工程量。

（4）施工布置：施工道路布置、施工风水电布置、降排水布置、施工分区布置、安全文明施工布置等。

（5）施工工艺及方法：工艺流程、施工方法、检查验收等。

（6）施工进度计划：分部分项工程开工完工计划，结合总施工进度计划编制，必要时进行施工强度分析。

（7）资源配置：劳动力配置、机械设备配置、施工物资配置。

（8）质量保证措施：组织保障、技术保障措施。

（9）安全文明施工保证措施：组织保障、技术保障措施。

（10）附图（表）：施工工艺附图。

2．安全文明施工方案编制

安全文明施工方案的类型较多，此处以应急预案及现场处置方案为例进行介绍。应急预案及现场处置方案主要包括以下内容。

（1）编制目的及依据：预案编制目的、依据等。

（2）事故类型和危害程度分析：风险来源及特性分析，事故可能导致紧急情况的类型、影响范围及后果。

（3）应急处置原则：救人优先，局部服从全局、下级服从上级，属地管理、分级负责、密切配合。

（4）组织机构及职责：组织体系、指挥机构及职责。

（5）预防及预警：危险源监控、预警行动（含预警分级、预警发布程序、应对程序及措施）。

（6）信息报告程序：报警系统及程序、现场报警方式、通信联络方式、通告报警形式及内容、向外求援方式。

（7）应急处置：响应分级、响应程序、处置措施。

（8）应急物资与装备保障：常设应急救援物资设备清单。

（9）应急演练：演练计划、演练组织与实施。

3．危险性较大的分部分项工程专项方案编制

危险性较大的分部分项工程专项方案主要包括以下内容。

（1）工程概况：危险性较大的分部分项工程概况和特点、施工平面布置、施工要求和技术保证条件。

（2）编制依据：相关法律、法规、规范、标准及图纸（国标图集）、施工组织设计等。

（3）施工计划：包括施工进度计划、材料与设备计划。

（4）施工工艺技术：技术参数、工艺流程、施工方法、操作要求、检查要求等。

（5）施工安全保证措施：组织保障措施、技术措施、应急预案、监测监控措施等。

（6）劳动力计划：专职安全生产管理人员、特种作业人员、其他作业人员等。

（7）验收要求。

（8）计算书及相关施工图纸。

（三）施工方案审批

1．施工方案审批流程

施工方案审批流程一般按照图 2-5 所示的流程进行。

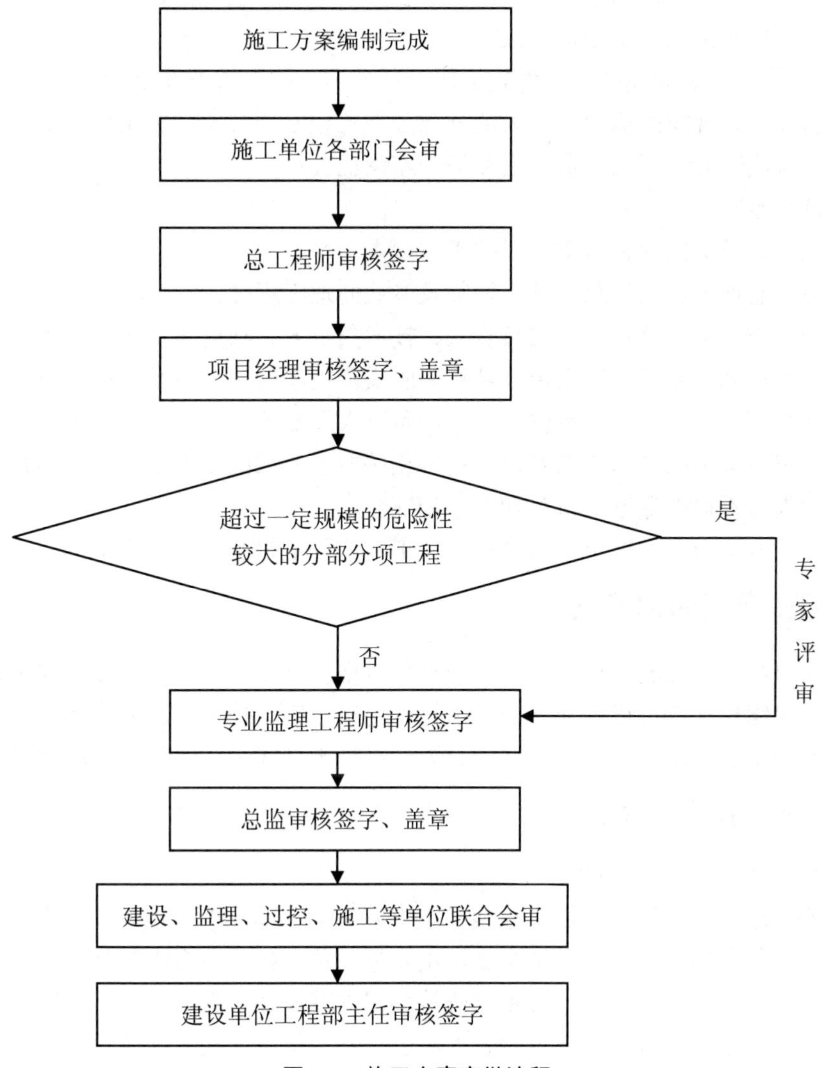

图 2-5　施工方案审批流程

2．一般施工技术方案审批

施工技术方案编制完成后，施工单位组织技术、安全、质量等部门的专业技术人员进行审核。审核合格的，由总工程师、项目经理签字盖项目公章后上报监理单位。经监理单位专业监理工程师审核签字后，再由总监理工程师审核签字盖章。

根据建设单位要求，施工技术方案一般需组织各参建方联合会审，评估方案的可行性及经济性，主要参加单位为建设单位、监理单位、过控单位、施工单位，并形成施工方案会审记录。

3．超过一定规模的危险性较大的分部分项工程专项方案审批

超过一定规模的危险性较大的分部分项工程专项方案由施工单位组织专家召开专家论证会。下列人员应当参加专家论证会：

（1）专家；

（2）建设单位项目负责人或技术负责人；

（3）监理单位项目总监理工程师及专业监理工程师；

（4）施工单位分管安全的负责人、技术负责人、项目负责人、项目技术负责人、专项施工方案编制人员、项目专职安全生产管理人员及相关人员；

（5）有关勘察、设计单位项目技术负责人及相关人员。

专家组成员应当由 5 名及以上符合相关专业要求的专家组成，本项目参建各方的人员不得以专家身份参加专家论证会。

专项方案由专家评审会通过后，按正常流程上报监理单位审批。

三、施工技术交底

在每个分部分项工程开工前，项目部应根据施工技术文件、专项安全技术措施，组织相关人员进行详细的施工技术交底、安全技术措施交底，并填写技术交底记录表。施工技术交底又细分为一级技术交底和二级技术交底两类。

（一）技术交底流程

1．一级技术交底流程

施工总组织设计、单位工程施工技术方案、分部分项工程施工技术方案及一并制定的专项安全技术措施交底，由项目部总工程师负责组织项目部技术、安全、质量、生产、经营、设备物资等部门的专业技术人员及工区（队、厂、分包人）的主管负责人和技术负责人，进行技术措施交底，并填写一级技术交底记录表；专项安全技术措施交底填写专项安全技术措施交底记录表。

2．二级技术交底流程

工区（队、厂、分包人）的技术负责人应根据施工技术方案及一级技术交底，向工区（队、厂、分包人）班组长、生产技术骨干或班组作业人员进行技

术措施交底，填写二级技术交底记录表；专项安全技术措施交底填写专项安全技术措施交底记录表。

如图 2-6 所示为施工技术交底流程图。

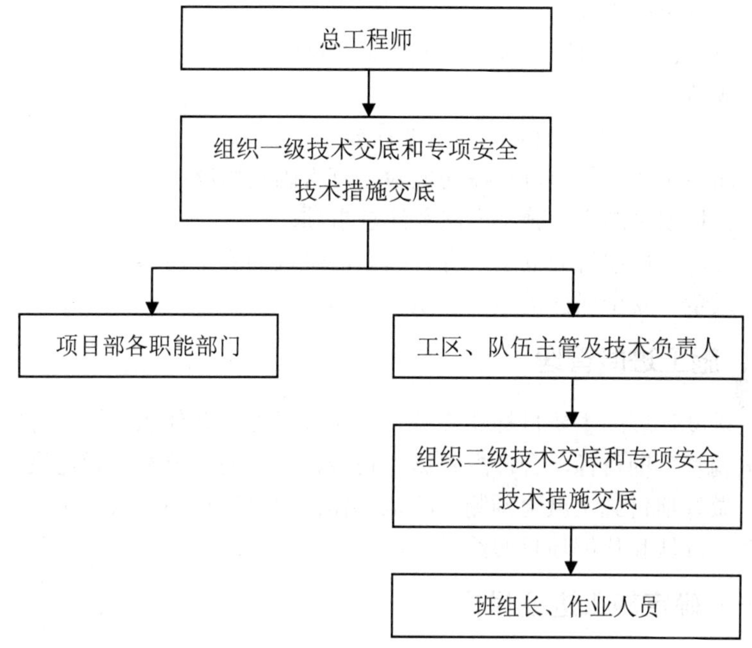

图 2-6　施工技术交底流程

（二）技术交底主要内容

1．一级技术交底的主要内容

（1）工程概况、施工布置、主要施工方法、关键工序的控制要求、工程项目存在的危险、有害因素情况；

（2）特殊工程部位的施工技术要求及注意事项；

（3）新技术、新工艺、新材料、新设备的技术要求与实施方法；

（4）施工技术规范、安全质量标准和安全操作规程；

（5）工期要求、质量保证措施、安全保证措施、文明施工要求及环境保护措施。

2．二级技术交底的主要内容

（1）施工方案（技术措施）中的具体施工方法、工序、主要技术措施、操作要点及工程项目存在的危险、有害因素情况；

（2）规范、规程要求，安全质量标准，安全环保要求；

（3）安全技术措施；

（4）质量通病的预防方法；

（5）工序交接要求；

（6）质量、安全保证措施，环境保护措施；

（7）成品保护方法。

3．专项安全技术措施交底的主要内容

（1）简要说明工程项目存在的危险、有害因素情况；

（2）工程项目的主要施工方法及注意事项；

（3）针对工程项目的危险、有害因素而采取的安全技术措施；

（4）质量、安全保证措施，环境保护措施。

四、施工进度管理

施工进度管理的主要目标和任务有：完善进度管理体系，按照合同约定或业主要求调整工期目标，合理配置施工资源，控制施工节奏，确定最佳施工进度方案，做好项目施工风险预测、防范工作；通过对计划的执行实施、过程检查和纠偏，降低和化解项目履约风险，实现项目进度目标。

（一）确定施工进度目标

施工进度目标包括施工总进度目标、阶段性进度目标、单项工程进度目标和分包工程进度目标。

工程项目在施工初期阶段，项目部应根据施工合同规定的开工日期、竣工日期、总工期和总施工组织设计确定施工总进度目标；结合施工总进度目标要求，按施工时段分解为阶段性进度目标，按单位分解为单项工程进度目标，按分包项目分解为分包工程进度目标；而且，各类施工进度目标必须满足工程合同约定的工期目标。

（二）编制施工进度计划

在工程项目实施阶段，项目部应按照确定的施工进度目标编制施工进度计划。而施工进度计划应根据施工条件、工艺关系、组织关系、合理施工顺序等综合因素进行编制，所确定的施工进度计划必须满足施工进度目标的要求。

施工进度计划主要有施工总进度计划、阶段性施工进度计划、单项工程施工进度计划、年/季/月施工进度计划、月/周/日施工作业计划。

（三）施工进度计划审批

施工进度计划编制完成后，由总工程师、项目经理审核签字盖项目公章后上报监理单位。经监理单位专业监理工程师审核签字后，再由总监理工程师审核签字盖公章。

（四）施工进度计划实施

1．计划控制与跟踪调整

项目部应根据进度计划编制月、周、日施工作业计划，制定施工方案、技术措施、实现工期目标的经济奖罚措施，落实设备、材料、劳动力、资金等资源供应计划，进度目标责任落实到部门、工区、作业队（厂）、分包商、班组和个人。

应对进度计划的实施过程进行跟踪、检查，当发现进度计划偏移时，及时采取措施或进行局部的调整；应不断预测未来的施工进度情况，以确保施工进度计划的正常实施和控制。

2．施工日志

施工日志是在建筑工程施工期间对各项施工活动和现场情况进行的真实的综合性记录，也是处理施工问题的备忘录和总结施工管理经验的基本素材。

（1）施工日志的内容

施工日志的内容可分为五类：基本内容、工作内容、检验内容、检查内容及其他内容。

①基本内容，包括时间、气象信息、施工部位（在明确分部分项工程名称的基础上，需描述清楚桩号段落）和劳动力情况（出勤人数和操作负责人）。

②工作内容，包括当日施工内容及实际完成情况；施工现场有关会议的主要内容；建设单位、监理单位对工程施工提出的进度、技术、质量方面的要求、意见及被采纳和实施的情况；由于各种原因引起的返工、工程量增加以及与设计蓝图不一致的内容。要特别注意的是，由于设计变更引起的，须注明变更单号并留存复印件。

③检验内容，包括隐蔽工程验收情况（应写明隐蔽的内容、段落、分项工程、验收人员、验收结论等）；试验检测情况（应写明试块名称、段落、试块组数及试件编号）；材料进场、送检情况（应写明批号、数量、生产厂家以及进场材料的验收情况，参加人员）。

④检查内容，包括质量检查情况（当日砼浇筑成型、钢筋安装及焊接、砖砌体、模板安拆、抹灰等的质量检查和处理记录）；硅养护记录，砂浆、砼外加剂掺用量；质量事故原因及处理方法，质量事故处理后的效果验证；安全检

查情况及安全隐患处理（纠正）情况；其他检查情况（如文明施工及场容场貌管理情况等）。

⑤其他内容，包括安全文明施工情况；设计变更、技术核定通知及执行情况；施工任务交底、技术交底、安全技术交底情况；停工情况；施工机械故障及处理情况；冬季 、雨季、夏季施工准备及措施执行情况；施工中涉及的特殊措施和施工新方法、新技术、新材料的推广使用情况；连续时间未施工或停工时段记录。

（2）施工日志的填写要求

①施工日志应按单位工程填写。

②记录时间：从工程开始施工，一直到竣工验收完毕。

③施工日志应每天记录，不允许出现“断天”现象，不得几天记录一次，更不允许写“回忆录”。

④按照规定的时间，准确、详细地记录施工日志，如果在施工期间发生人员变动，必须办理交接手续，以确保施工日志的连续性、完整性。

⑤施工日志由现场施工员或专业工程师记录，而且涉及的相关责任人必须写清姓名，不得用简称。

⑥施工日志应严格按照统一格式填写，书写时要字迹工整、清晰，最好用正楷书写。

（3）注意事项

①要着重记录与工程质量形成过程有关的内容，其他内容详略得当。

②施工日志应采用“记叙文”的形式来填写，不得采用“总结报告”“议论文”等形式。施工日志中对每个关键工序或主要事件的描述要尽可能地体现时间、地点、人物、过程、结果（论）等要素。

（五）施工进度管理总结

项目部应每周和每月定期对施工进度管理情况进行总结，总结内容应包括：周计划和月计划工期目标的实际完成情况、经验、存在的问题与分析、改进的建议等。

（六）施工进度风险管理

项目部应定期组织相关人员对项目施工情况进行评估和分析，填写履约风险情况动态情况表（见表 2-2 所列），找出项目施工存在的风险，并提出降低和化解风险的措施。

表 2-2 履约风险情况动态情况表

序号	初期风险等级	工程项目名称	初期制定的主要施工进度节点控制目标	提前或滞后天数	动态风险等级	项目负责人

五、施工作业指导书管理

（一）施工作业指导书类别

施工作业指导书是指导现场施工的技术文件，主要依据设计图纸、规程、规范、技术标准、质量标准、安全规定、环保要求、产品使用说明、参建单位相关要求等编制，主要分类有：

（1）路基工程施工作业指导书；
（2）路面工程施工作业指导书；
（3）人行道工程施工作业指导书；
（4）雨水、污水管道工程施工作业指导书；
（5）电力浅沟工程施工作业指导书；
（6）通信工程施工作业指导书；
（7）给水工程施工作业指导书；
（8）交通工程施工作业指导书；
（9）照明工程施工作业指导书；
（10）桥梁施工作业指导书（桩基、下部结构、上部结构、桥面系）；
（11）管涵施工作业指导书；
（12）河道整治施工作业指导书；
（13）景观绿化施工作业指导书；
（14）综合管廊施工作业指导书（土建、安装、调试）；
（15）电力隧道施工作业指导书（土建、安装）。

（二）施工作业指导书编制

施工作业指导书的内容应含有：
（1）编制施工作业指导书目的；
（2）适用范围；

（3）编制依据；
（4）人员配置及要求；
（5）作业主要内容；
（6）施工工艺流程；
（7）作业技术要求与操作要点；
（8）使用材料与设备；
（9）质量控制措施；
（10）安全环保措施；
（11）预防纠正措施。

作业指导书编制完成后，由编制部门校核，经总工程师和项目经理审核批准后下发至各作业队伍执行。

（三）施工作业指导书的使用、反馈、监督

针对施工作业指导书，应先由编制部门组织项目部、工区、作业队技术人员进行培训学习、技术交底，然后再投入生产和使用。

在施工过程中，项目部应对各作业队伍的执行情况进行监督，督促其按照作业指导书的要求和程序规范作业，防范安全事故，保证工程质量。并检验作业指导书的有效性和执行情况，若存在问题，及时向作业指导书编制单位（部门）反馈信息，对作业指导书进行改进和完善。

六、优化变更管理

优化变更分施工组织设计优化、设计变更两类。

（一）施工组织设计优化

施工阶段，根据施工计划、施工手段、工艺实际水平及工程所处的环境水平，对中标后经监理单位审批的可行的实施阶段施工组织设计进行优化，促使施工技术方案和措施更趋科学、合理、有效；同时在确保技术可靠的前提下，最大限度地降低施工成本，项目实施后产生更多的经济效益。

施工组织设计优化的重点是施工总平面布置、主要建筑物的施工方法、主要辅助生产系统设计、混凝土配合比（其中胶凝材料用量与原施组相比较，下降幅度应在2%及以上）。施工组织设计优化流程如下。

（1）施工过程中，工程管理部、工区技术人员或其他管理人员发现施工组织设计（方案）中不合理因素时，提出书面的施工组织设计优化方案。

（2）由项目经理牵头，总工程师组织项目部职能部门及工区技术人员，根

据现场情况的变化，对现行施工方案和优化方案进行分析论证，确定是否需要对其进行优化。

①确定是否能够满足工程安全、质量和环保要求；

②确定是否能够满足工期的要求；

③论证优化方案的经济合理性。

（3）施工组织设计优化责任人根据分析论证的意见完善优化方案，并报总工程师校审，项目经理批准后执行。

（二）设计变更

设计变更分两种类型：一种是业主单位或设计单位主动提出的设计变更，另一种是施工单位提出并经业主单位或设计单位采纳的设计变更。

施工单位提出的设计变更，应遵循“技术上可靠、施工中可行、安全质量上保证、经济上合理、工期上可控”和“先申请后变更、先批准后施工”的原则。设计变更流程如下。

1．提出变更设计申请单

当在现场核对或施工过程中，发现设计与实际出现偏差、错误以及现场条件无法满足设计提出的施工方法或要求时，项目部应填写变更设计申请单，提出设计变更建议，详细说明变更理由，提出建议方案，提供技术与经济比较估算资料。

2．论证分析

项目部总工程师组织相关职能部门分析论证设计变更申请书，重点审查设计变更的必要性和经济合理性，防止产生无经济效益、可能造成工期延误和安全质量事故的设计变更建议。设计变更申请书论证分析通过后，经项目总工程师审核签字确认，项目经理批准后报监理单位、建设单位审批。

3．参与设计变更会议

项目部总工程师及相关技术人员参与由业主单位主持，业主、设计、监理、过控、施工等单位参与的现场调查、研究或专题会议，分析和确认现场变更原因，讨论变更的必要性，提出处理意见或变更初步方案，形成设计变更会议纪要。

4．变更实施

工程管理部技术人员在接到业主单位正式变更通知和变更文件后，应及时更换图纸，并对设计变更进行技术交底，组织实施。

5．设计变更文件管理

项目部应加强对设计变更文件资料的管理，明确管理部门和管理岗位，建立设计变更管理台账和收发登记制度，履行签认手续，为设计变更验工计价提供充分支持。

七、工程测量管理

（一）测量仪器设备管理

项目部配置的测量仪器设备应登记入册管理，而且测量仪器设备必须按周期检定计划表进行检定。

（二）测量管理

（1）在测量作业过程中必须严格遵循国家、部门及当地政府颁布的测量技术标准、规程和规范。

（2）施工单位对所承担测量数据和成果负责，测量队出具的测量检测报告数据必须准确，成果必须可靠。

（3）测量队必须使用规定的手簿记录测量数据，且文字与数字要力求清晰、整齐、美观；不得随意撕页，记录中间也不得无故留下空页；对拟取用的数据均应由两人独立进行检查，确认无误后方可取用；对采用电子记录的作业应遵守相关规定进行测量。

（4）测量队必须按规定对施工测量成果资料进行检查、校核、整理、编号，分类归档，妥善保管；并按所在施工项目建设单位、监理单位的要求上报测量成果资料和竣工资料。

八、施工技术文件管理

（一）施工技术资料管理体系建立

自施工准备阶段始，项目部应熟悉施工资料管理的相关规定，主动和业主单位、监理单位联系，了解各类施工记录、检查验收记录和报表编制执行标准、填写式样及要求等。

项目部应建立由项目部总工程师主管、职能部门业务负责的施工资料分级管理责任体系，安排专职或兼职资料员负责相关资料的收集、整理和归档工作。

（二）施工资料编号与管理

工程技术管理资料主要可分为以下类别：

（1）管理制度文件；

（2）施工组织设计；

（3）施工技术方案；
（4）安全技术方案；
（5）专家评审方案；
（6）一级技术交底；
（7）二级技术交底；
（8）安全技术交底；
（9）图纸会审记录；
（10）变更设计申请单；
（11）生产辅助设施检查；
（12）预防措施；
（13）纠正措施；
（14）顾客满意度；
（15）科研项目；
（16）材料采购计划；
（17）报告单；
（18）会议纪要；
（19）作业指导书；
（20）施工月报；
（21）施工周报；
（22）工程大事记；
（23）业主来文；
（24）监理来文；
（25）其他事项。

项目部资料管理员应按照要求对施工资料进行编号，建立各类施工资料管理台账，由资料管理员负责进行管理。

项目部资料管理员应及时收集形成的各种技术文件和资料，并及时登记、归档，分类装盒（夹）保存，盒（夹）外应有标注标签，盒（夹）内应有文件目录清单，同时建立资料电子档案。

借阅施工资料时，应办理借阅手续，制作施工资料借阅登记台账。

九、施工技术总结与创新

施工技术总结与创新的内容主要有专利的编写与申请、工法的编写与申请、论文的编写与发表。

（一）专利

1．专利的分类

专利一般分为三种：发明专利、实用新型专利和外观设计专利。

发明专利指的是针对产品、方法或其改进所提出的全新技术方案，又可分为产品发明和方法发明两种类型。

实用新型专利指的是对产品的形状、构造或其结合所提出的适用于实际应用的新技术方案，但不包括对方法的保护，也不包括没有固定形状和结构特征的产品。

外观设计专利指的是对产品的形状、图案或其组合以及颜色与形状、图案的组合所提出的具有美感并适用于工业应用的新设计。

2．专利的申请过程

专利申请过程如图 2-7 所示。

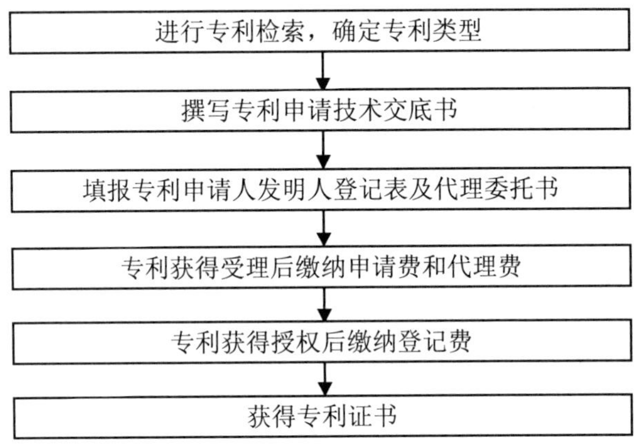

图 2-7　专利申请过程

3．专利申请书的编写

（1）专利申请书的内容

专利申请书的主要内容一般有：①权利要求书；②说明书，包含技术领域、背景技术、发明内容、附图说明、具体实施内容；③说明书附图；④说明书摘要。

（2）专利申请书的编制顺序

一份合格的专利申请书的编制顺序一般为：①技术领域；②背景技术；③发明内容；④附图说明、说明书附图；⑤具体实施方式；⑥权利要求书；⑦说明书摘要。

（3）专利申请书的编制思路

①技术领域：本发明属于××领域，具体地说涉及××中的一种××。

②背景技术：先阐述该领域内的已有技术，再指出其存在的不足。

③发明内容、附图、实施方式。

a．针对现有技术的不足简洁明确地说明本发明所要解决的技术问题。

b．结合改进点具体说明改进后的技术效果，尽量给出能说明有益技术效果的定量数据，比如产率、质量、精度和效率的提高等。

c．按照机械制图的规范绘制附图。先给出整体示意图，再给出局部视图（如某处剖视图、X 向视图、局部放大图）；给出构件序号说明，但标准件不要给序号，而附图上不能有尺寸、文字，只能标出构件序号。

d．结合说明书附图，详细说明本发明或实用新型所涉及的构件及其结构和功能，具体说明各个构件之间的位置关系以及连接形式。

④权利要求书：将发明或实用新型提出的结构或方法上的创新点作为权利要求一一提出，并指出特征。

⑤说明书摘要：写明发明或实用新型的名称和所属的技术领域，清楚反映所要解决的技术问题，解决该问题的技术方案的要点及该技术的主要用途。

（二）工法

1．工法的定义

工法，是指以工程为对象、工艺为核心，运用系统工程的原理，把先进技术和科学管理结合起来，经过一定的工程实践形成的综合配套的施工方法。

工法必须符合国家工程建设的方针、政策和标准、规范，必须具有先进性、科学性和适用性，以及保证工程质量和安全、提高施工效率、降低工程成本、节约资源、保护环境等特点。

国家级工法，其关键技术达到国内领先水平或国际先进水平，有显著经济效益或社会效益。

省级工法，其关键技术达到省内先进水平，有较好经济效益或社会效益。

企业级工法，其关键技术达到本企业先进水平，有一定经济效益或社会效益。

2．工法的编写

工法的编写内容应齐全，包括前言、工法特点、适用范围、工艺原理、施工工艺流程及操作要点、材料与设备、质量控制、安全措施、环保措施、效益分析以及应用实例 11 个部分。

3．注意事项

工法应该具备层次分明、文字简练、数据准确的特点，其深度应满足指导项目施工与管理的需要。对于涉及技术秘密的内容，特别是工艺原理、工艺流程、材料与设备的主要技术指标中的技术秘密，可以在编写工法时予以回避。

申报国家级工法时，须在申报材料中明确说明这些敏感内容的存在。

（三）论文

论文的内容主要包括：文章题目，作者及详细单位，摘要（概括地陈述论文研究的目的、方法、结果、结论，要求200～300字），关键词，中图分类号、文献标志码，引言内容，正文内容，结论内容，参考文献，作者简介。

论文格式要求一般要求参照拟投稿期刊格式。

第三节　主要工程施工工艺流程

市政道路工程施工内容主要包括路基路面工程、雨污水工程、电力工程、给水通信工程、交通安全设施工程、照明工程及地下管廊工程等，项目技术管理工作的重要内容之一就是要求项目技术人员和作业人员详细了解各分部分项工程的施工工艺及流程。

一、路基开挖施工

（一）施工流程

挖方路基施工流程如图2-8所示。

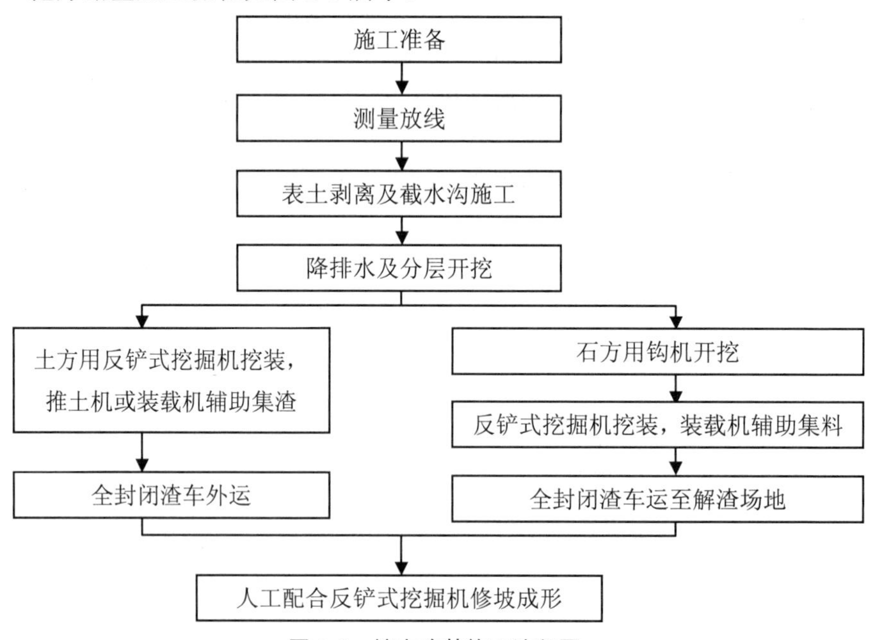

图2-8　挖方路基施工流程图

（二）施工方法

（1）场地清表：将路基用地范围内的树木、灌木丛等在施工前利用砍伐、移植的方式进行清理，然后用挖掘机清除场内的地表土及不适宜做路基填筑材料的土；用履带式挖掘机挖装，推土机或装载机辅助集渣，全封闭渣车外运。

（2）土方用履带式挖掘机挖装，推土机或装载机辅助集渣，全封闭渣车外运。石方用钩机开挖，局部辅以人工撬挖，推土机或装载机集渣，反铲式挖掘机装渣，全封闭渣车外运至解渣场地。利用机械开挖的，在接近设计坡面及基础面时应预留 30 cm 保护层，再由人工修整至设计要求的基础面。开挖采用自上而下、分层分段的方式进行，分层高度控制在 3 m，分段长度在 150～200 m，开挖时由中间同时向左右两侧开挖。开挖面应修成 3%的坡度以利于排水，并在开挖过程中加强抽排，避免积水造成坍塌滑坡。

（3）经试验检测合格的挖方段土质，可用作路基填筑材料的，应及时运至路基填方段填筑。路基开挖与路基填方同时施工，可便于挖方区域合格材料的再次合理使用。

（4）土方开挖应与修坡护坡施工相结合，向下挖至 3～4 m 时，应进行修坡。严禁欠挖和超挖，确保工程施工质量。

（5）应经常对边坡的坡度进行复测，确保边坡顺直平整；及时按设计要求对边坡进行护坡施工。

二、路基填筑施工

（一）施工准备

1．试验段施工

选取一段长度大于 100 m，宽度为设计宽度的路基作为试验段，进行填筑压实工艺试验。根据试验室确定的最佳含水量、最大干密度及进场的机械特性，用不同型号的压路机，采用正交试验法进行压实试验，确定不同压路机、不同压实厚度对应的最佳含水量、最大干密度、各种机械效率系数以及试验检测方法等，从而得到不同的压实厚度、不同填料对应的最佳机械组合以及达到压实度时的最佳含水量等施工控制参数，从而选择能满足质量要求和进度要求的施工参数以指导大面积路基施工。

如图 2-9、图 2-10 所示分别为土方路基试验段和石方路基试验段示例。

2．施工临时排水

施工前，结合永久性排水设施，先完成临时排水设施，确保施工作业面不积水。路基排水沟（如边沟、排水沟、截水沟及改沟）应与排水系统连接顺畅，确保水流通畅。排水沟全断面采用 C20 砼现浇。如图 2-11 所示为排水沟示例。

图 2-9　土方路基试验段示例

图 2-10　石方路基试验段示例

图 2-11　排水沟示例

排水沟施工流程为：人工开挖→沟底砼施工→模板安装→沟壁砼施工。

排水沟采用人工开挖，模板采用木模板，ϕ48 mm 架管支撑固定；砼采用商品砼，砼罐车运输至现场后，直接下料浇筑，人工振捣密实。

（二）路基填筑施工

1．施工流程

路基填筑施工流程如图 2-12 所示。

2．施工方法

（1）测量放线

按照设计图纸放出填筑边线及超填边线，明确填筑区的施工范围、桩号等内容，并用白灰放出填筑边线。为满足设计要求的压实度及填筑宽度，放线时考虑超宽 50 cm（如图 2-13 所示）。

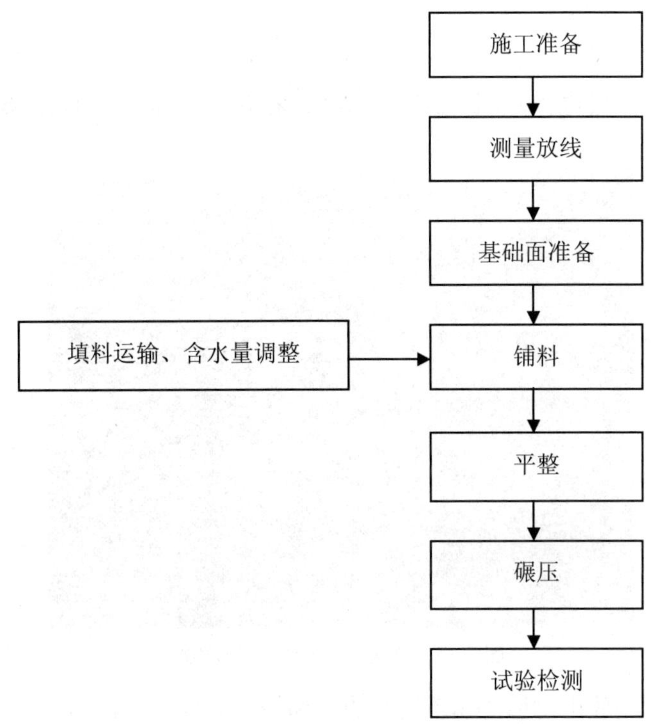

图 2-12 路基填筑施工流程图

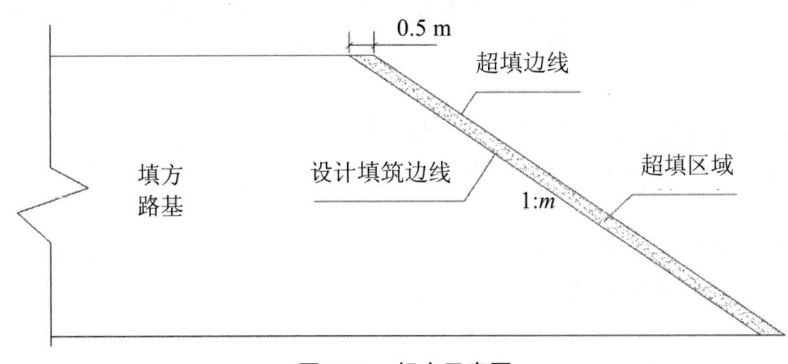

图 2-13 超宽示意图

（2）基础面准备

首先采用反铲式挖掘机清除表土、树枝、垃圾等物，以全部清除为合格标准，清表平均厚度为 30～50 cm，清表工作完成后复测地表高程并请业主、设计、地勘、过控、监理等单位现场验收确认。

填筑前基底须压实，基础面清理完成后采用振动碾碾压，基底压实度不小于 90%。

（3）铺料

填筑分段分层进行（如图 2-14 所示），采用全封闭渣车卸料，推土机初平，平地机精平。

图 2-14　路基填筑分层铺料示例

卸料前，测放出每层的填筑控制边线和控制高程，超填不小于 50 cm，铺料厚度控制在 30 cm。卸料拟采用进占法进行，边卸料边用推土机摊铺。渣车行走及卸料平台为该填筑层已初步推平但尚未碾压的填筑面。卸料时，渣车退行进入工作面，不在工作面调头。

（4）碾压

在使用振动碾分层碾压前，应及时平料，以确保铺料均匀、平整，特别要避免欠压、漏压的情况。碾压结束后及时检测压实度，合格后才进行下一层的填筑。

在进行道路碾压时，碾压机械应沿着道路的轴线方向前进和后退，即采用全振错距法进行碾压操作。每次前进和后退被计算为两遍，碾迹重叠不小于 40 cm。为了控制碾压质量，碾压速度控制在 2～3 km/h 范围内，并且开始碾压时速度应较慢。

压实土体不应出现漏压虚土层、干松土、弹簧土等不良现象。如填土出现“弹簧”、层间中空、松土层等现象时，根据实际情况采取挖除换填或晾晒的方式处理。如图 2-15 所示为路基填筑分层碾压示例。

图 2-15　路基填筑分层碾压示例

（5）结合面处理

①层间结合面处理：在填筑上升的过程中，将结合面上填料的含水率控制在最优含水率范围（±2%）内。含水率过高要进行晾晒，含水率过低要进行洒水调节。

② 段间结合面处理（如图 2-16 所示）：若不同作业段交接处不在同一时间填筑时，先填地段应按 1:1.5 的坡度分层留台阶。

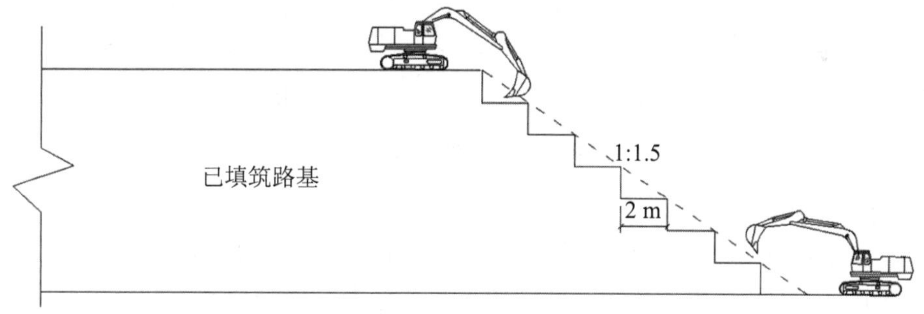

图 2-16　段间结合面处理

（6）修坡成形

路基填筑完成后，采用人工配合反铲式挖掘机进行修坡。修坡方向垂直于道路轴线，由上至下顺坡进行。土石料集于坡脚后，采用反铲式挖掘机装车，全封闭渣车外运。

三、特殊路基施工

（一）施工特性

软弱地基段主要为表层软土、浅层软土及杂填土等，采用换填砂砾石的方式处理；针对鱼塘洼地及水田段，采取修筑围堰、抽排水的方式处理。

（二）鱼塘洼地及水田段施工

1．清淤

对于水田及不保留的鱼塘洼地直接抽排水后进行清淤施工。对于部分保留的鱼塘洼地，先修筑围堰、抽排水后再进行清淤施工。围堰顶宽 5.0 m，两侧坡比为 1:1.5，堰高比常水位高 1.0 m，填料为合格土石和黏土两种，均采用全封闭渣车运至现场，反铲式挖掘机配合装载机铺填，振动碾分层碾压密实，分层厚度为 30 cm，压实度要求不小于 92%。

如图 2-17 所示为一典型的围堰断面图。

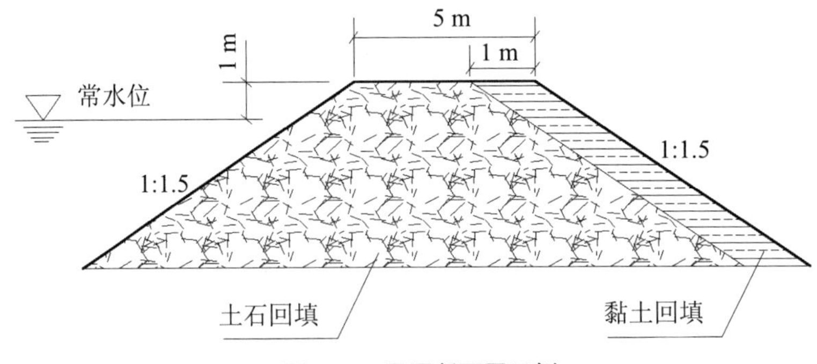

图 2-17　围堰断面图示例

2．水田处理

挖除 0.6 m 厚的软土后，铺块石，块石粒径（最短边尺寸）大于 30 cm，强度不小于 MU30。碾压成形后回填 0.6 m 砂砾石，然后以土石回填至路床下 0.8 m，在水田处理边界设置碎石盲沟，在最低点接入雨水井或就近排入沟渠。挖除 0.6 m 厚的软土后，若剩余软土厚度小于 1 m，铺块石一层；若剩余软土厚度大于 1 m 小于 2 m，铺块石两层，以此类推。

3．鱼塘处理

（1）不保留鱼塘处理

鱼塘抽水清淤完成后，进行砂砾石填筑，砂砾石填筑 0.6 m，分层填筑厚度不大于 0.3 m。砂砾石采用压路机进行碾压，碾压不小于 5 遍，具体碾压设计参数以现场试验及相关规范要求为准。砂砾石填筑完成后人工进行修坡。其上全部采用合格土石回填，填筑要求同填方路基。

（2）部分保留鱼塘处理

围堰修筑完成排水清淤后，进行砂砾石填筑。砂砾石填筑至常水位线上 0.5 m，分层填筑厚度不大于 0.3 m。砂砾石采用压路机进行碾压，碾压不小于 5 遍，具体碾压设计参数以现场试验及相关规范要求为准。常水位线上 0.5 m 设置分级平台，平台宽 2 m，砂砾石填筑完成后人工进行修坡。人工修坡完成后，分级平台以上 0.5 m 至淤泥顶部采用 C20 混凝土护坡。护坡混凝土厚 0.3 m，模板采用工字钢，人工配合吊车安装。混凝土采用外购商品混凝土，砼罐车运输至现场后，汽车泵下料，人工振捣密实。

混凝土护坡完成达到一定强度后，进行土石围堰拆除。采用倒退法，反铲式挖掘机与全封闭渣车配合，辅以人工进行拆除。

（3）不良土的换填施工

不良土的开挖采用反铲式挖掘机进行，装载机或推土机辅助集料，全封闭渣车外运。砂砾石采用全封闭渣车运输至现场后直接卸料，反铲式挖掘机配合推土机摊铺，局部人工摊铺，振动碾碾压密实，要求压实度满足设计及相关规范的要求。

（4）冲击碾压施工（如图 2-18 所示）

图 2-18　冲击碾压施工示例

为了减少高填方路段的工后差异沉降，一般采用冲击碾压进行补强处理。碾压机械采用三叶凸轮冲击式压路机，冲击能力符合相关要求，压实宽度 2×1000 mm，工作速度 10～15 km/h，冲击碾压 15～20 遍（具体遍数根据试验路段参数确定）。

每次填筑至冲击碾压设计面时，按规范要求检测路堤冲击碾压前的压实度和标高，并做好详细记录；冲击碾压后及时检测压实度和标高，并与碾压前记录对比，压实度应提高 2～3 个百分点。通过标高计算沉降量，要求沉降量不大于 4%～5%。

四、路基防护施工

针对沿河或鱼塘路段易冲刷、浸泡的路堤，采用 C20 砼实体护坡。

针对土质边坡、全风化和强风化岩质边坡，采用三维网植草绿化防护。多级边坡时，最上一级边坡除采用三维网植草绿化防护外，另设边沟、碎落台和截水沟。

针对中风化岩质边坡，采用挂网客土喷播植草防护。

（一）C20 砼实体护坡施工

砼实体护坡施工流程为：清理坡面→反滤层铺设→砼护坡施工。

反滤层采用人工铺设，平板振动器夯实；护坡砼模板采用工字钢，人工配合吊车安装；砼采用商品砼，砼罐车运输至现场后，汽车泵下料，人工振捣密实。护坡每隔 15 m 设置一道沉降缝，缝宽 2 cm，并填塞沥青麻筋；每隔 5 m 切一道缝，并用沥青灌缝。坡面间隔 2.5 m 交错设置泄水孔，泄水孔采用 5 cm PVC 管，并用反滤布扎口。

（二）三维网植草绿化施工

三维网植草绿化施工流程为：整平坡面→铺筑 10 cm 土并锤紧→铺设并固定三维网→撒铺 5 cm 耕植土→喷播植草→喷播营养液养护。

坡面平整完成后，人工铺筑 10 cm 厚的土，锤紧后采用 J 形钉和 U 形钉将三维网锚固于坡面。三维网是黑色的材料，其技术参数需要满足以下要求：纵、横向拉伸强度≥1.4 kN/m，厚度≥12 mm，单位面积质量≥260 g/m^2。三维网的标准幅宽不小于 1.6 m，布置时网宽方向与路线方向一致，相邻两条三维网之间的接搭宽度为 0.1 m，并用 U 形钉固定于坡面，幅中用 J 形钉固定。在使用前，需要对 U 形钉和 J 形钉做好防锈处理，通常采用外涂沥青的方法。固定完成后在三维网面上撒铺 5 cm 耕植土，再喷播草种。草种选用适宜本地环境的草本、灌木、藤本混合种子。采用专业植草喷播机，保证种子在较短时间内覆盖坡面，达到迅速绿化、稳定边坡的目的。喷播完成后及时喷播营养液并覆盖塑料薄膜养护。

（三）挂网客土喷播植草施工

挂网客土喷播植草施工流程为：排架搭设→人工清坡→坡面锚杆施工→挂高镀锌机编网→客土喷播植草。

1．排架搭设

采用ϕ48 mm×δ3.5 mm 钢管搭设脚手架作为施工平台，立杆间距 0.8 m，步距 1.0 m，每层施工平台均铺设脚手板。

2．坡面锚杆施工

锚杆采用ϕ16 mm HRB400 钢筋，主锚杆长 2 m，辅锚杆长 1 m，间距 2.0 m，锚杆一端设置弯钩，其端部 15 cm 及弯钩部分均涂上防锈漆。

锚杆采用ϕ42 mm 钻杆成孔，孔径为ϕ50 mm，成孔后及时插入锚杆。采用孔底注浆法向钻孔内灌注 M30 水泥砂浆，注浆压力为 0.3 MPa。

3．挂网施工

要求在坡面面层中挂设ϕ1.6 mm 镀锌铁丝网，并按从上至下的顺序铺设并张拉绷紧。安装网应保证网处于混合基材的 2/3 处。

4．客土喷播

采用专业植草喷播机将绿化基材、稳定剂、团粒剂、混合草种的混合物喷射于坡面上。针对不同环境的岩土体，混合物的配方经室内配比试验和现场试验确定。喷射厚度为 6 cm。

如图 2-19 所示为坡面挂网客土喷播植草施工示意图。

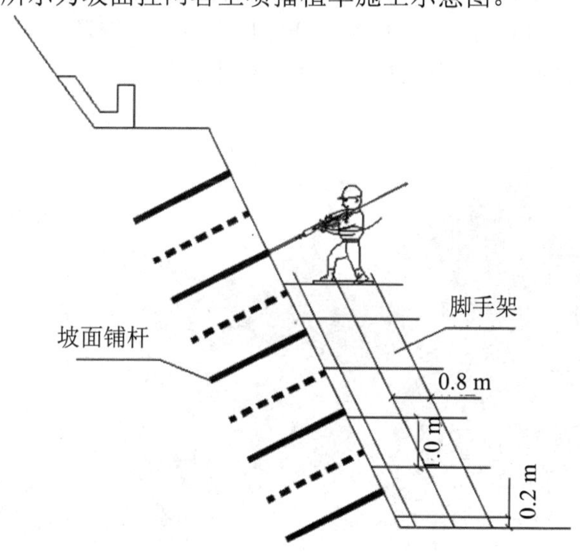

图 2-19　坡面挂网客土喷播植草施工示意图

五、排水管网施工

排水管网施工流程为：测量放线→沟槽开挖→沟槽支护→排水管道安装→检查井施工→闭水试验→沟槽回填。

若管道管顶低于原地面以下 1 m 时，直接进行沟槽开挖作业；若管道管顶高于原地面以下 1 m，按照道路要求，在进行管道沟槽开挖施工之前，须回填至管顶以上 1 m 厚的高度，然后才进行开挖。

（一）测量放线

在沟槽开挖前，应测定排水管道中线，检查井位置，用白灰标注，建立临时水准点；同时，在转折点处或每 50 m 钉里程桩，特殊路段适当加桩，以便对管线进行严格控制。

在沟槽开挖、排水管道安装等过程中，测量人员必须对中线、高程、坡度、沟槽下口线、槽底工作面宽度等进行放样。在进行下一道工序前，必须对数据进行复测，确认数据准确无误后才能进行下一道工序的施工。如果某项工序不合格，必须返工重新测量，以保证工程质量。

（二）沟槽开挖

沟槽开挖作业采用机械与人工相结合的方式进行，开挖分层厚度控制在 3 m 左右，如图 2-20 所示。机械开挖要确保槽底不被扰动，槽底高程以上预留 30 cm 保护层，然后采用人工开挖。开挖也应避免超挖及扰动原状土基。人工清理基槽的土方应及时运至沟槽外，不合格土料及时清运。

图 2-20　机械开挖及人工清底示例

（三）沟槽支护

沟槽支护施工主要分土钉墙施工和边坡素喷施工两部分。

1．土钉墙支护施工（如图 2-21 所示）

图 2-21　土钉墙支护示例

土钉墙支护施工流程为：清理坡面→搭架→定位→成孔→下锚管→绑扎钢筋网→喷射砼→设置排水孔→注浆。

（1）清理坡面：将坡面上的危石、松土、浮渣清理干净。

（2）搭架：开挖边坡采用ϕ48 mm×δ3.5 mm 钢管搭设，排架竖向搭设双层，间距 1 m，横向排距 1.2 m，可根据钻孔需求适当调整。利用扣件紧固排架，保证牢固稳定。

（3）定位：根据方案设计间排距，测量定位锚管孔位。

（4）成孔：锚管孔尽量垂直于开挖坡面，以利于挂网。锚管采用潜孔钻造孔。

（5）下锚管：锚管造孔完成后，应立即插入锚管以防塌孔。

（6）绑扎钢筋网：在铺设钢筋网时，钢筋网应随坡面起伏而变化，搭接牢固，中间辅以ϕ8 mm 定位钢筋，完成后将钢筋网与锚管焊接牢固。

（7）喷射砼（如图 2-22 所示）：喷射砼前要做好排水孔保护，以保证喷砼后排水通畅。喷前要在受喷面设立控制喷射厚度的标志；喷射时应分段分片、自下而上地进行，不漏喷。

（8）设置排水孔：混凝土喷射完成后，在边坡设置排水孔。排水孔与水平位置相比有一定的上抑（上抑 15°左右），以保证排水通畅。

（9）注浆：待喷砼喷射完成，护壁强度达到 80%后，进行锚管压浆。浆液采用纯水泥浆，水灰比为 0.45:1。

图 2-22　喷射混凝土示例

2. 边坡素喷施工

边坡开挖完成后，人工修边、整平，对边坡上的碎石、杂物进行清理。清理完成后即可进行素喷施工。素喷施工方法同土钉墙喷射砼施工。

（四）排水管道安装

1. 钢筋混凝土承插管安装

承插式管道的施工流程为：管道基础施工→挖接口工作坑→下管→清理管膛、管口→安管→接头处理→检查中线、高程→检查胶圈位置→管座砂石料填筑。

（1）管道基础施工：管道基础采用砂石基础，管道下穿涵洞或管线交叉时采取砼包封，管身底部砂石垫层采用机械转运、人工摊铺的方式进行基础铺设，摊铺厚度 10～20 cm。人工找平后采用蛙式打夯机碾压密实，取样检测压实度，达到规范要求后方可进行管道铺设施工。

（2）挖接口工作坑：管道基础压实后，采用人工开挖管道接口工作坑。

（3）下管（如图 2-23 所示）、清管：管道基础经自检和现场监理验收合格后，方可进行下管、稳管工作。下管作业时采用吊车与人工配合，全程由专人指挥。在管道吊装过程中，为保证边坡安全，吊车离边坡坡顶至少 5 m，还要防止荷载过大导致边坡垮塌。下管成功后清理管镗、管口。

（4）安管：稳管接口用导链拉入，并注意对管道中心线的控制。使用手动葫芦进行承插管安装。插入承插管时管道两侧的手动葫芦应同步拉动，使橡胶圈正确就位。

（5）管座砂石料填筑：管道接口处理完毕，用天然砂砾填筑管道下侧的三角部位，并用木夯夯实，使管道与砂石基础紧密接触，并保证压实度满足设计要求。然后分层填筑管座砂石料，每层厚度不超过 20 cm。在砂石料上洒适量水后，用蛙式打夯机夯实，保证压实度达到设计要求。

图 2-23　管道吊装示例

2．钢筋混凝土平口管

平口管的施工流程为：支平基模板→浇平基混凝土→下管→安管→支管座模板→浇筑管座混凝土→抹带接口→养护。

（1）管道混凝土基础施工

对模板、槽底高程进行检查，验收合格并作检查记录。模板采用 2 cm 竹胶板，将模板浇水润湿，施工缝处用同号的水泥砂浆接缝。验槽合格后，及时浇筑平基混凝土，浇筑完成后及时进行养护。严格控制混凝土施工质量及平基顶高程。

（2）下管、安管

下管前在平基面上弹线，以控制安管中心线，下管采用吊车吊装。管道安装完成后，用清洁的石子或碎石夯实，然后及时进行混凝土管座的灌筑。

（3）浇筑管座

在进行混凝土浇筑前，需要先对平基进行凿毛、冲洗处理，确保表面干净。对平基与管道接触的三角部分，需选用同强度等级的混凝土砂浆填满，填捣密实后再进行混凝土的浇筑。在浇筑混凝土时，需在两侧同时进行，以保持高度一致，防止管道被挤偏。

（4）抹带管道接口

在混凝土管道的接口处，采用钢丝网水泥砂浆抹带接口，当管道正确就位后，在抹带宽度内管外壁进行凿毛、刷净、润湿处理。然后在抹带层上抹 15 mm 厚的 1:3 水泥砂浆，在抹带层内埋置 10 mm×10 mm 方格钢丝网，并将钢丝网两端插入基础混凝土中固定。最后在抹带层上面压一层 10 mm 厚的水泥砂浆。

采用混凝土基础的管道，每隔 20～25 m 设现浇混凝土外套环柔性接口。

（五）检查井施工

检查井的施工流程为：垫层混凝土浇筑→基础混凝土浇筑→管顶面以下侧墙混凝土浇筑→流槽→管顶面以上混凝土浇筑→踏步安装→预制混凝土盖板安装→预制混凝土井筒安装→井周水稳回填→预制井圈安装→井盖安装。

1．基底的验收和处理

首先根据设计图纸要求，使用机械开挖检查井处的基坑（随沟槽开挖一起进行），基坑底部的宽度需要同时满足支模板和工作空间的要求。清理基底时，采用人工的方式进行操作。清理基底后，需要对其高程进行复核，合格后再进行地基承载力试验。

2．检查井施工拟搭设排架

检查井钢筋绑扎、模板支设、混凝土浇筑施工，排架采用双排架。

3．井底垫层浇筑

测量人员准确测出井室的位置，并安装垫层模板，随后进行井底垫层混凝土的浇筑。

4．绑扎井室主体钢筋

在确定相关干支管线以及支管的高程后，开始进行井室钢筋的绑扎工作。在绑扎井身钢筋时，同时确定管口的位置，并将管身按照要求插入钢筋网中进行现场绑扎，对埋在井室内的管道外表面进行凿毛处理。完成井室钢筋的绑扎后，再绑扎踏步。安装踏步前，应先刷上防锈漆，再及时检查踏步上下、左右间距及外露尺寸，确保位置准确无误后再进行混凝土浇筑。

5．支底板模板，混凝土浇筑底板

底板模板采用定型钢模板，在使用模板之前，需要在内侧均匀涂抹一层脱模剂。井底板厚度根据设计图纸确定。

6．支井身模板，混凝土浇筑井身

井身模板采用定型钢模板。在使用模板之前，必须对其进行仔细检查，确保型号一致，不得使用弯曲或变形的模板。在使用模板之前，还需要在内侧均匀涂抹一层脱模剂。模板反面使用 U 形卡卡紧，不得漏卡。在预埋管道的位置使用竹胶板替代钢模板，竹胶板的开口尺寸与管外径吻合，外表面涂层模板油，固定好位置。混凝土采用车泵垂直入仓，插入式振捣器振捣。混凝土浇筑后，进行洒水养护。侧模板只有在抗压强度达到 2.5 MPa 时才能拆除，以确保其表面和棱角不会因为拆模而受到损坏。

7．砌筑井内流水槽

用标准砖和 M7.5 的砂浆构筑流水槽。流水槽内表面涂抹防水砂浆，以保证内表面圆滑顺畅。对于三通以上检查井，流水槽相交部位要相互圆滑过渡。

8．安装井筒及井圈

采用吊车与人工配合的方式安装井筒及井圈，座浆饱满，并及时养护。

9．井周回填

进行井周回填时控制好分层厚度，每层摊铺 15 cm，虚铺厚度为 18 cm，然后人工使用小型机械夯实，保证压实度达到设计要求。如图 2-24 所示为井周回填示意图。

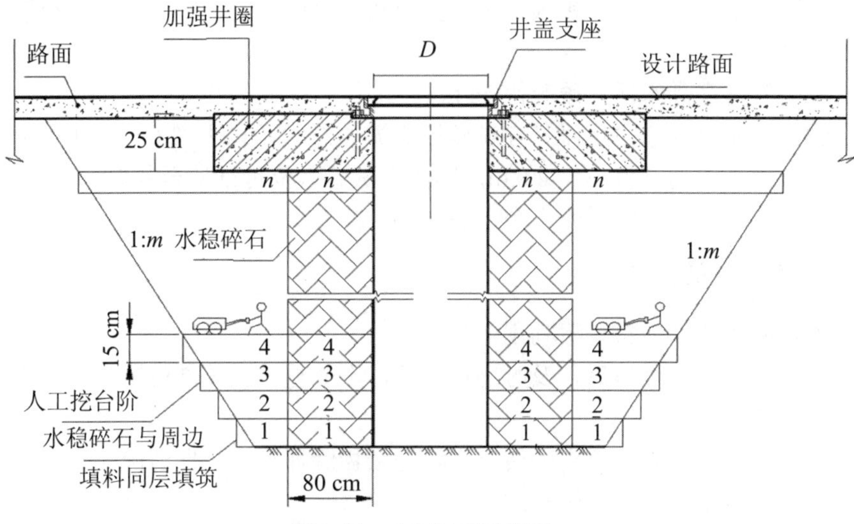

图 2-24　井周回填示意图

10．安装防坠网格和井盖

防坠网格采用膨胀螺栓安装在井圈上（如图 2-25 所示），保证防坠网格安装牢固可靠后再安装好井盖。

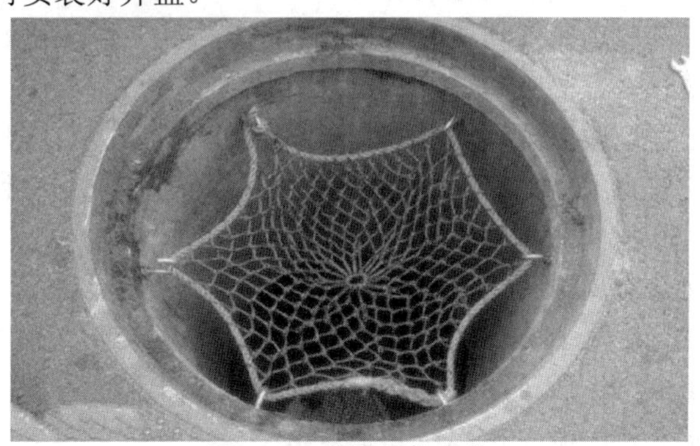

图 2-25　防坠网格安装

（六）闭水试验

检查井施工完成并达到设计龄期后，必须按图纸要求对排水管道进行闭水试验。

利用ϕ12 cm 塑料软管接降水井取水，工人利用钢爬梯上下井室进行注水及做试验标记。

（1）在进行管道的闭水试验前，需要确保管道和井外观检查合格，管道基础已完成回填，沟槽内无积水，所有预留孔洞封堵严密、牢固，并获得监理工程师核准。

（2）管道灌满水后，须等待 24 h。

（3）闭水试验水位应维持在试验段上游管道内顶以上 2.0 m。如果上游管道内顶至检查口的高度小于 2.0 m，则闭水试验水位可维持至井口。

（4）测定渗水量的时间不少于 30 min。

（七）沟槽回填

沟槽回填施工应符合下列规定。

（1）闭水试验合格后，及时进行回填，不能整体回填部位留台阶状搭接，搭接长度 50 cm。

（2）填料前应将沟槽内的砖、木块等杂物清理干净，保证降排水系统正常进行，不得有积水，不得带水回填。

（3）回填料应夯击密实，按规定进行试验，测出填料的压密度，达到要求后，再进行上一层的铺料。

（4）针对管顶 50 cm 以上部位，每层的虚铺厚度为 30 cm，采用振动压路机碾压，井室周围压不到的地方采用人工夯实，管道两侧压实面之间的高差不应超过 30 cm。接口工作坑回填时，底部凹坑应先人工回填压实至管底，然后与沟槽同步回填。

（5）回填过程中应对雨水进水口支管预留位置，安装时座浆应饱满，雨水口和雨水箅子安装完成后，周围采用人工分层回填夯实，并达到设计要求的压实度。

（6）为确保井室周边回填压实度得到保证，采取同层填筑，井周加强与填筑同时进行，分层厚度 15 cm，虚铺厚度 18 cm，用人工配合轻型机具夯实。对于井室周围回填工作，应该沿井室中心对称进行，并且不得出现漏夯的情况。在回填材料压实后，应确保材料与井壁紧密贴合。

如图 2-26 所示为沟槽回填示例。

图 2-26　沟槽回填示例

（八）雨水口及支管施工

雨水口施工流程为：确定雨水口和雨水口支管位置→开挖雨水口支管管槽、雨水口槽→雨水口基础浇筑→安装雨水口支管和雨水口→回填→安装雨水箅子。

雨水口施工应符合下列要求。

（1）按照设计图要求，放出雨水口中心线、边线，在开挖雨水口槽及雨水支管沟槽时，每侧应预留出 30 cm 的肥槽。肥槽底部需要夯实，在土质松软的区域，则需要换填砂砾石并夯实。

（2）待砼达到 3 天强度后，在底板面上先用砂浆抹出雨水口泛水坡。

（3）应在安装雨水口的同时安装雨水支管，支管与雨水口预留管口的衔接位置应用砂浆封口抹平，支管管端面在雨水口内的露出长度不得大于 20 mm，管端应完整无破损。雨水口及支管安装完成后应及时回填。

（4）在道路基层以下的雨水支管，采用砂砾石回填并夯实，压实度不小于 93%；在道路基层内的雨水支管，采用混凝土包封，在包封混凝土达到 75%强度前，不得放行交通。

（5）完成雨水口的安装后，应立即进行井座及雨箅子的安装。安装雨箅子前，需要用水将雨水口顶面冲刷干净，并铺 1:2 水泥砂浆。根据设计高程调整雨箅子位置，确保雨箅子安装就位后，用 1:2 水泥砂浆嵌牢雨箅子周围。雨箅子四周应呈 45°的三角形。

（九）井盖安装

井盖安装施工应符合下列要求。

（1）摊铺底层沥青后，安装成品井盖座，仔细调整井盖顶面至路面标高后用螺母固牢，将井圈井盖一次性调整到位。

（2）将整个井口安装上模板，模板的顶口标高与井座底口一致，然后用砼整体浇筑填实。浇注过程随时带线检查井盖高程，确保井盖高程误差在规范允许 5 mm 以内。

（3）严禁薄层浇筑或砂浆找补，在混凝土初凝结束后及时将多余的混凝土掏出，并将边缘修整齐。覆盖养护至设计强度后摊铺面层。

（十）特殊部位的施工

1. 雨污水管网槽施工

对于填方区域，先按道路密实度要求回填至污水管道管顶以上 1 m 高程，碾压密实之后进行污水管道沟槽开挖。污水管道安装完成后将路基回填至雨水管管顶以上 1 m，碾压密实之后进行雨水管道沟槽开挖。

如图 2-27 所示为雨污水管网槽施工示意图。

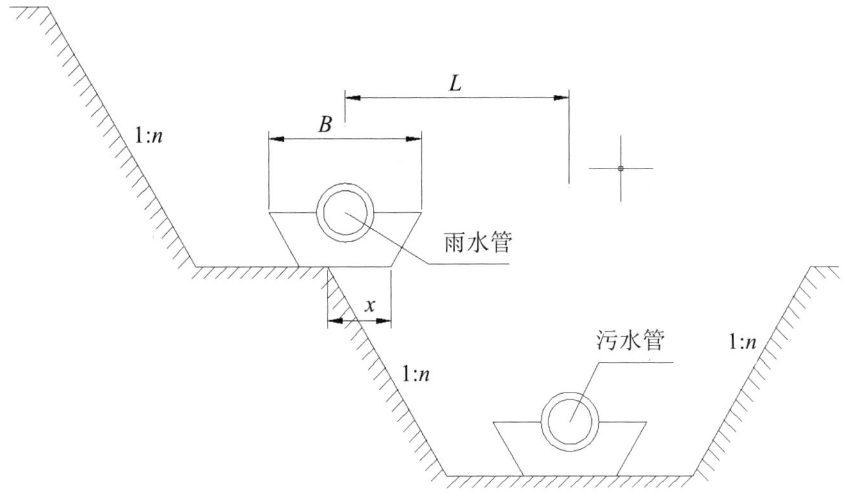

B—雨水基础宽度；*L*—雨污水管水平距离；

x—雨水基底被扰动的宽度；*n*—雨污水管道沟槽坡比。

图 2-27　雨污水管网槽施工示意图

对于挖方区域，当雨水基底为砂质泥岩地层、卵石层、黏土、粉质黏土时，应分不同情况进行施工。

（1）当雨水主管基础有不足 1/3 宽度位于回填区域时（即 $0 \leqslant x \leqslant B/3$），该部分回填土直接采用砂砾石，再做管道基础。

（2）当雨水主管基础有超过 1/3 宽度位于回填区域时（即 $x > B/3$），先将不足 2 B/3 宽度的原状土超挖 0.6 m，然后统一用砂砾石分层碾压，“水夯”两遍，密实度达标后，再做管道基础。

（3）当雨水基底为承载力不能达到设计要求的土质时（如素填土、细砂土），须对管道基础进行整体换填。

2．新旧管道连接施工

因旧管道内存在硫化氢（有剧毒）、甲烷等气体，在新旧管道连接施工过程中，要特别注意施工人员的安全防护。

（1）管道施工段两头封堵施工应符合下列要求。

①在连接施工之前应先对施工段两头进行封堵，保证接入部位的水位处于可操作位置。

②在封堵作业前一至两天内，需要打开工作面及其上下游的检查井盖，以便进行通风。

③在下井施工之前，必须对硫化氢等气体浓度进行检测，合格后方可施工。

④下井的操作人员应该委托专业的施工队伍进行下井封堵作业，作业人员必须佩戴压缩空气的隔离式防护装备，同时系好安全绳。

⑤在井口处至少安排两名安全监护人员，操作人员下井后，井口需要继续排风。

（2）管井连接施工应符合下列要求。

①采用反铲式挖掘机进行新建管道沟槽开挖，靠近检查井的部位采用人工挖除，避免破坏检查井。

②在施工前，必须先用强排风的方法将检查井内的有毒气体排除。

③在管井连接施工过程中，严禁施工人员下到井内进行作业，管道接好后直接砌筑检查井。

六、电力浅沟施工

电力浅沟的施工流程为：测量放线→沟槽开挖→槽底清理→U 形槽及排管安装→检查中线、高程→满包混凝土浇筑→检查井施工→沟槽回填。

若电力浅沟位于挖方段，则在开挖完成的路基面上直接开挖电力浅沟沟槽；若位于填方段，则回填至管顶表面高程后进行沟槽开挖。

（一）测量放线

沟槽开挖前，测定管道中线、检查井位置，用白灰标注，建立临时水准点，同时在转折点处或每 50 m 内钉里程桩，特殊路段适当加桩，以便对管线进行严格控制。

在沟槽开挖、排水管道安装等过程中，测量人员必须对中线、高程、坡度、沟槽下口线、槽底工作面宽度等进行放样。在进行下一道工序之前，必须先进行数据的复测，无误后方能进行下一道工序的施工。任何不合格的工序都必须进行返工，以保证工程质量。

（二）沟槽开挖

沟槽开挖作业采用机械与人工相结合的方式进行，开挖分层厚度控制在 3 m 左右。机械开挖要确保槽底不被扰动。槽底高程以上预留 30 cm 保护层，然后采用人工开挖。开挖应避免超挖及扰动原状土基。人工清理基槽的土方并及时运至沟槽外，不合格土料及时清运。如图 2-28 所示为机械开挖及人工清底示例。

图 2-28　机械开挖及人工清底示例

（三）U 形槽安装

1. 垫层施工（如图 2-29 所示）

垫层施工前对沟槽底进行平整，平整后经监理及业主验收合格后进行下一步施工。验收完毕后放出垫层中心线准备进行垫层施工。U 形槽段垫层为砂垫层，采用人工摊铺，摊铺平整后采用打夯机夯击密实。

2. U 形槽安装（如图 2-30 所示）

先在预制构件场预制好 U 形槽再运输至施工现场，采用 8 t 吊车配合人工，吊装至槽底垫层上。安装前逐个检查每个预制构件有无裂纹等缺陷，以及镀锌扁钢、挂钩等预埋件是否符合要求。安装时为了保证 U 形槽安装到位，先在垫层上放好 U 形槽两边线，安装时 U 形槽对准边线放置。U 形槽安装好后进行复测，调整好位置。

图 2-29　垫层施工示例

图 2-30　U 形槽安装示例

3．电缆支架安装

在 U 形槽安装完成后，通过在 U 形槽预埋钢板上焊接 M12 螺栓来安装电缆支架（如图 2-31 所示）。

4．接地极施工（如图 2-32 所示）

首先人工用大锤将垂直接地极打入地下（打入地下端做成尖头，顶部设保护帽套），垂直接地极采用 50 mm×50 mm×5 mm×2500 mm 镀锌角钢，然后用 50 mm×5 mm 镀锌扁钢与 U 形槽的预埋钢板、垂直接地极焊接作为横向水平接地体，用 50 mm×5 mm 镀锌扁钢与垂直接地极焊接作为纵向水平接地体。横向接地体每 30 m 用 50 mm×5 mm 镀锌扁钢跨接一次。镀锌扁钢焊接时，搭接长度不小于 10 cm，并采用双面焊接。

图 2-31　电力浅沟的电缆支架安装示例

图 2-32　接地极施工示例

5．盖板安装（如图 2-33 所示）

U 形槽盖板也从预制构件场预制。盖板分固定盖板和可揭盖板两类。U 形槽每隔 15 m 设置 4 块可揭盖板，单块盖板长 0.5 m。盖板安装采用 8 t 吊车配合人工进行安装。固定盖板安装于U形槽上，盖板与U形槽接缝处设3 cm厚M10水泥砂浆垫层。可揭盖板采用由上下两个角钢框组成的金属边框，并与盖板配筋一起焊接成整体。另外每块盖板有4个提手盒用于起盖，盒身与钢筋、角钢架焊接固定，预埋在混凝土内。

图2-33 盖板安装示例

（四）排管施工

1．沟槽开挖

沟槽开挖作业采用机械与人工相结合的方式进行，土方采用1.6 t反铲式挖掘机开挖，石方采用DH500钩机开挖，局部人工撬挖，装载机辅助装料。机械开挖要确保槽底不被扰动，槽底高程以上预留30 cm保护层，然后采用人工开挖。开挖也应避免超挖及扰动原状土基。人工清理基槽的土方应及时运至沟槽外，不合格填料采用25 t全密闭渣车外运。

2．垫层浇筑

先对垫层进行支模。模板采用5 cm厚方木，外侧插设ϕ20 mm钢筋地锚固定，锚固深度20 cm。然后采用10 t砼罐车将泥凝土运至施工现场，直接下料入仓，并用平板振捣器振捣密实。

3．排管安装

垫层浇筑完成后，进行排管的安装（如图2-34所示）。排管间应设置管枕，在排管接头两侧50 cm处各设置一道，其余位置间隔1.5 m设置一道。排管及管枕均采用人工安装，安装过程中应保证各管道之间的间距均匀，各层排管上下对齐。

图 2-34　排管安装示例

4．模板安装

满包混凝土结构的施工模板采用竹胶木模板，模板外侧设置ϕ48 mm 钢管围檩，采用钢筋地锚固定；同时钢管围檩高于模板 20 cm 左右，在顶部设置横向钢管对拉，对拉间距 0.5 m（如图 2-35 所示）。

图 2-35　电力排管混凝土模板安装示例

5．混凝土浇筑（如图 2-36 所示）

一般情况下，排管覆土厚度不得小于 0.5 m。当排管覆土厚度小于 0.7 m 时，需要在排管周围加入 ϕ10 mm 的构造钢筋。钢筋纵横间距 200 mm，钢筋保护层厚 25 mm。满包砼等级为 C20，采用 10 t 砼罐车运至施工现场，直接下料入仓。

浇筑方式为分层浇筑，每一排排管为一层，砼浇筑时两侧同时进行。在混凝土浇筑过程中应注意对排管的保护，避免排管因振动棒的振捣而移位。浇筑完成后及时进行收面并洒水养护。

图 2-36　电力排管满包砼浇筑示例

6．接地极施工

首先人工用大锤将垂直接地极打入地下（打入地下端做成尖头，顶部设保护帽套），垂直接地极采用 50 mm×50 mm×5 mm×2500 mm 镀锌角钢，然后用 50 mm×5 mm 镀锌扁钢与 U 形槽的预埋钢板、垂直接地极焊接作为横向水平接地体，用 50 mm×5 mm 镀锌扁钢与垂直接地极焊接作为纵向水平接地体。横向接地体每 30 m 用 50 mm×5 mm 镀锌扁钢跨接一次。镀锌扁钢焊接时，搭接长度不小于 10 cm，并采用双面焊接。

7．沥青涂刷

先人工剔除混凝土表面的浮渣等杂物，然后将表面冲洗干净晾干，再进行沥青涂刷，最后用毛刷对混凝土外露面满涂，共刷两遍。

8．沟槽回填

沟槽回填料同规划道路路基填料，回填料均为外购，用 25 t 全封闭渣车运输至现场后，人工铺填，用手扶振动碾夯击密实。

七、给水工程施工

给水工程的施工流程为：测量放线→沟槽开挖→管道基础施工→管道安装→管道支墩施工→阀门及附件安装→阀门井施工→管道试压→管道冲洗、消毒→沟槽回填。

若给水位于挖方段，则在开挖完成的路基面上直接开挖给水沟槽；若位于填方段，则回填至管顶 50 cm 后再进行沟槽开挖。

（一）测量放线

在沟槽开挖前，应测定给水管道位置，用白灰标注，建立临时水准点；同时在转折点处或每 50 m 钉里程桩，特殊路段适当加桩，以便对管道进行严格控制。

在沟槽开挖、给水管道安装等过程中，测量人员必须对中线、高程、坡度、沟槽下口线、槽底工作面宽度等进行放样（如图 2-37 所示）。在进行下一道工序之前，必须对数据进行复测，确认数据准确无误后才能进行下一道工序的施工。如果某项工序不合格，必须返工重新测量，以保证工程质量。

图 2-37　给水管道沟槽放线示例

（二）沟槽开挖

沟槽开挖作业采用机械与人工相结合的方式进行，土方采用 1.6 t 反铲式挖掘机开挖，石方采用 DH500 钩机开挖，局部人工撬挖，装载机辅助装料。机械开挖要确保槽底不被扰动，设计槽底高程以上预留 30 cm 保护层，然后采用人工开挖。开挖应避免超挖及扰动原状土基。基础为岩石时，利用风镐辅助破碎。人工清理基槽的土方应及时运至沟槽外，开挖出的不合格土料采用 25 t 全密闭渣车外运。

如图 2-38 所示，槽底宽度用下式计算：

$$B=D+2C+2a$$

式中，D 为管道结构的外缘宽度；C 为工作面宽度；a 为排水沟宽度。

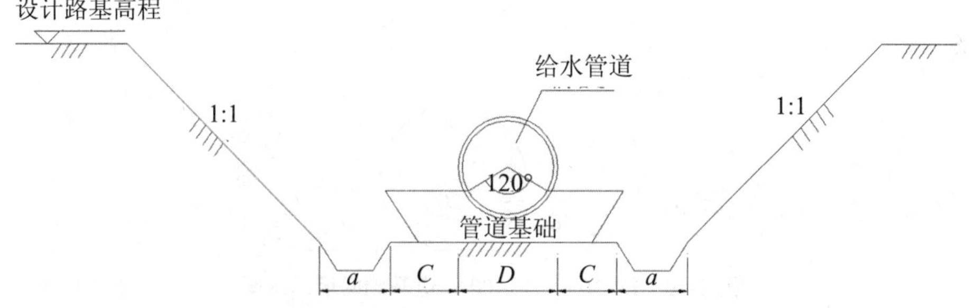

图 2-38　给水管道沟槽开挖断面图

（三）管道基础

在管基土质情况较好且地下水位低于管底以下，管径不大于 DN300 的给水管，采用素土基础。将天然地基整平，管道铺设在未经扰动的原土上，管道安装完成后，采用中、粗砂回填至管道基础高程。管道大于等于 DN600 的管段采用砂石基础。先在沟槽底部铺设一层中、粗砂，厚度为 160 mm，管道安装完成后，采用中、粗砂回填至管道基础高程。管座下三角区域采用木夯夯实，并保证管道基础压实度满足设计要求。管道基础填料采用 25 t 全密闭渣车运输，人工铺填，并采用蛙式打夯机碾压密实，密实度满足设计要求。

如图 2-39 所示为给水管道基础示例。图 2-40 和图 2-41 分别为 DN100～DN400、DN600～DN1000 管道基础回填示意图。图中，h_c 及 h_d 的取值见表 2-1 所列。

图 2-39　给水管道基础示例

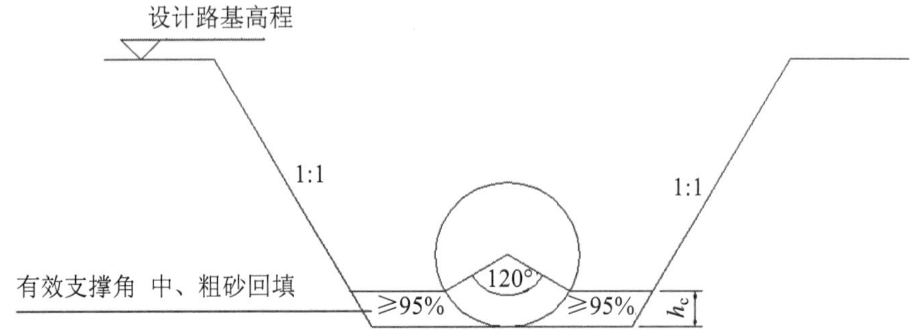

图 2-40　DN100～DN400 管道基础回填示意图

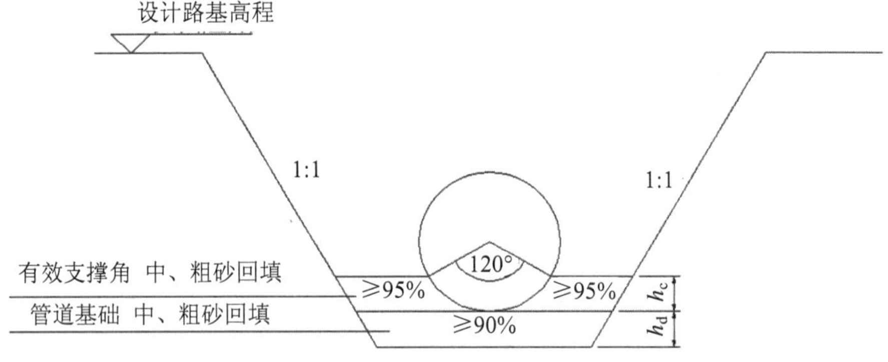

图 2-41　DN600～DN1000 管道基础回填示意图

表 2-1　管道基础高度取值表

管径	DN100	DN150	DN200	DN300	DN400	DN600	DN800	DN1000
h_c/mm	25	37.5	50	75	100	150	200	250
h_d/mm						160	180	200

（四）管道安装

1．球墨铸铁管

（1）清管

管节及管件运输至现场之后，在下沟槽之前，应将承口内部的油污、飞刺、铸砂及凹凸不平的铸瘤清理干净，管道及管件承口的内工作面、插口的外工作面也应修整光滑，不得使用有沟节的管件。

（2）下管

在管道基础经自检和现场监理验收合格后，方可进行下管、稳管工作。下管作业采用 25 t 吊车与人工配合，全程由专人指挥。在管道吊装过程中，为保证边坡安全，吊车离边坡坡顶至少 5 m，还要防止荷载过大导致边坡垮塌。在进行下管作业时，必须采取轻吊轻放的方式，使用专用吊装带吊装，这样做的目的，一方面是避免损坏管材，另一方面是保护砂砾基础表面不受到破坏。

（3）管道连接

在安装过程中，需要确保插口与承口对齐。在管道下方设置支撑三脚架，用手扳葫芦和钢丝绳操作，扳动手扳葫芦，使插口顺利装入承口。

如图 2-42 所示为球墨铸铁管道安装示例。

图 2-42　球墨铸铁管道安装示例

2. PE 管

（1）清管

安装 PE 管之前，先清除接口处的氧化皮，管口及管内的灰土、水及其他异物，用洁净棉布擦拭干净，并随时保证接口位置清洁。

（2）下管

PE 管下管施工方法同球墨铸铁管。

（3）管道连接

PE 管之间采用热熔连接，具体施工方法如下。

①检查管子（或管件）端头，应无划伤、损坏，并确保管材的连接端切割垂直。

②在要进行焊接的管子或管件端头，留出一定夹具自由度，并校直对应的连接件，使其在同一轴线上。管口错边不得大于管壁厚的 10%。

③安装专用的焊机，让管子与加热板接触，加热至熔化后撤去加热板。将熔化端压紧，进行保压、冷却，直至冷却至环境温度。

④加热连接端面，加热时间与加热温度应符合对接连接工具生产厂和管材、管件生产厂的规定。加热完毕后，连接件应迅速脱离对接连接工具的加热板，并用均匀外力使其完全接触，形成均匀凸缘。凸缘高度应均匀一致。

⑤焊接完毕后，必须保证热熔接头处没有受其他外力，保压、冷却时间达到后即可取下连接器。需要注意的是，在保压、冷却期间不得移动连接件或在连接件上施加任何外力，也不得强力拉动或弯曲管子。

（4）示踪线安装

在 PE 管安装完成后，为方便以后给水管道位置及走向的检测，在管道正上方紧贴管壁处沿管道敷设 4 mm 铜芯聚氯乙烯塑料绝缘导线作为示踪线。导线每隔 5～10 m 采用塑料绑扎带绑定于塑料管顶部，导线采用锡焊连接，接头处采用防水胶布绑扎。示踪线安装完成后，在该段给水管检查井中设置钢制件固定桩，与示踪线相连。

3. 钢管

（1）清管及坡口制备

使用棉纱、汽油和纱布清除管端内外 50 mm 范围内的油污，使用电动钢刷清除管口内外 15 mm 范围内的铁锈和污垢。采用氧-乙炔切割加工，并使用角向磨光机将坡口修磨至均匀、光滑的状态，以满足焊接工艺要求。被焊接表面应该是均匀、光滑的，不得有起鳞、铁锈、污垢、油脂、油漆和其他可能影响焊接质量的有害物质。

（2）钢管内外防腐

防腐涂料应符合相关规范的要求，并须有卫生部门检测报告。涂刷防腐涂料时，先在边角、棱角、夹缝处进行预先涂覆，必要时可以使用长杆毛笔进行点涂，以确保漆膜厚薄均匀、无漏涂。在第一道涂层的漆膜（指触）干燥后，方可进行下道涂层的施工。在涂刷时，尽量减少来回涂抹的次数，以免将底层漆膜拉起。应采用纵横交错的方式进行涂刷，以保证涂层的质量。所有涂层不应有漏涂，涂层表面应光滑平整、颜色一致，无针孔、气泡、流挂、剥落、粉化和破损等缺陷，也不应有明显的刷痕、纹路及阴影条纹。两层涂层的涂涮间隔时间不宜超过 24 小时。

（3）下管

钢管下管施工方法同球墨铸铁管。

（4）钢管焊接

钢管焊接可采用螺旋缝钢管焊接方法：管径 D800 mm 以下，采用 GTAW+SMAW 即氩弧焊进行根部焊，手工电弧焊填充盖面；管径 D800 mm 及以上，采用手工电弧焊进行双面焊，先内后外进行施焊。焊机采用 IGBT 逆变直流、氩弧两用焊机，焊条型号选用 J422，焊丝型号选用 H08Mn2SiA。

4．钢管阴极保护

为防止钢管在使用过程中被腐蚀，采用镁合金（Mg-Al-Zn-Mn）牺牲阳极（简称镁阳极），每 100 m 设置一组镁阳极，每组 3 支，单支重量 14.5 kg，并且每 500 m 设置一个测试桩。具体操作如下。

（1）镁阳极沿管线走向单侧布置，距离管道中心线 3.4 m，阳极长度 0.7 m，两块镁阳极间距 2 m。

（2）先进行阳极沟开挖，阳极沟可随同管道沟槽一同开挖。

（3）阳极沟开挖完成后，进行镁阳极的安装。阳极块用填料包包裹，放入填料包之前应先用纱布将阳极表面打磨干净，除去氧化皮和油污。

（4）镁阳极与管道之间采用电缆连接，阳极块与连接电缆之间采用铝热剂焊接，焊接长度不得小于 50 mm，焊接完成后用热缩材料将焊接头绝缘密封，再涂环氧树脂将接头做加强绝缘密封处理。

（5）各焊点、连接点符合要求后回填土壤，在回填土将阳极布袋埋住后，向阳极沟内灌水，使阳极填料饱和吸满水。然后再用回填土将阳极压紧埋实。回填土不允许有砖头、瓦片及石头。

（五）管道支墩施工

球墨铸铁管在管道弯头、丁字支管顶端、管堵顶端设置支墩，PE 管在三通、弯头等处设置支墩，钢管在钢管段的垂直弯头处、蝶阀井前后的第一个水平弯头处及前后管堵处设支墩。支墩在管道接口做完管道位置固定后修筑，修筑过程中应保证后背土不被扰动。

管道支墩浇筑模板采用木模板拼装，混凝土罐车送料，泵送入仓。

（六）阀门及附件安装

每个阀门必须有制造厂的合格证书，核对实物的规格、型号、材质和编号，保证安装在管段上的桩号位置与设计一致。核对阀门与连接管件的配合尺寸，清除阀杆上的杂物，检查阀杆是否转动灵活，应无卡涩现象。检查阀体外观，应无疤痕、飞溅等缺陷，严禁使用有裂纹的阀体，每台阀门经检验合格后方可进行安装。

蝶阀、排气阀、伸缩节等设备采用法兰连接，其安装应遵守如下规定。

（1）法兰盘端面应保持平行，法兰螺栓孔应跨中安装，其偏差不得大于法兰外径的 1.5‰，且不得大于 2 mm。

（2）法兰盘连接要保持同轴，并保证螺栓的自由穿入。

（3）安装应保持水平。

（4）阀门在安装完毕后，应同管道一起参与试压检验。

（七）阀门井施工

1. 砖砌井施工

砌砖前一天，需要将砖浇水湿润，吸水深度控制在 15 mm 以上，以防止湿润不均或过湿现象，严禁使用干砖。在砌砖前，先立好匹数杆，摞底砖，防止游丁走缝。匹数杆立在墙的大角处和内外墙交接处，纵墙匹数杆间距不大于 12 m。摞底砖经检查合格后，挂通线。砌底砖时，应跟线。双面挂线，盘角每次不宜超过 5 匹高，并用靠尺、线坠、水平尺找水平、垂直，每块砖的高度对准匹数杆，按盘好的墙角为准，挂线砌砖。砌筑过程中，必须丁砖压顶，沿墙面每隔一定间隔的竖缝处，弹出墨线，墨线用经纬仪或线锤引测，砌一步架，上引一次，控制游丁走缝。

在砌砖时，需要采用上下错缝、内外搭砌的方式，并使用“一顺一丁”组砌方式。砌筑时采用“三一”砌砖法，避免使用缩口灰和板凳灰，同时要确保水平灰缝的砂浆饱满度不低于 80%。竖向灰缝应采用挤浆或加浆方法，避免出现透亮灰缝，水平灰缝厚度控制在（10±2）mm。落地灰在初凝前回收，重新搅入新砂浆中使用。在砌第一块砖前，如果基础混凝土表面高低差大于 20 mm，应该先用 C20 细石砼将上表面找平。砌完砖后用笤帚扫净墙缝。

2．钢筋砼井施工

（1）底板施工

在基坑开挖成形后，先进行垫层和集水坑施工。集水坑采用组合模板浇筑，底板采用木模板浇筑，浇筑混凝土前应做好预埋件的埋设。底板浇筑时要振捣密实，浇筑完毕后应在砖砌位置预留部分拉毛处理，以便与砌墙砂浆结合，其余部分要收光处理。在混凝土浇筑完毕达到规范要求强度后，方可进行井身浇筑。

（2）井身浇筑

管道及阀门安装完成后浇筑混凝土井身，检查井井身浇筑采用竹胶木模板，模板外侧用ϕ48 mm×δ3.5 mm 钢管地锚固定，作为加固围檩，在其上部设置钢管对拉，钢管间距 0.5 m。

（3）井筒及盖板安装

井身浇筑完成后进行预制盖板及井筒的吊装，吊装采用人工配合吊车的方式进行，吊装过程中注意对盖板及井筒的保护，防止磕碰导致破损。

3．井周加强

（1）井周加强的施工流程为：井筒安装→井周水稳加强→道路基层碾压密实→井圈安装→道路面层下层→道路面层中层→井座安装→道路面层上层施工。

（2）井周加强的要求：井砌筑完成后，经过隐蔽验收后方可进行回填。井周围 80 cm 范围内采用水稳碎石加强，自井底至井顶进行加强。回填料必须分层进行回填夯实，分层厚度不大于 30 cm。回填料采用蛙式打夯机夯实，不得使用压路机等大型机械，以免损坏检查井，夯实最佳密实度为 98%。

（八）管道试压

1．工艺流程

给水管道试压的施工流程为：准备工作→预实验→主试验→填写记录。

2．试压参数

（1）试压介质：清洁水。

（2）试验压力：按设计要求。

（3）试压分段：按施工区域分段试压，分段长不大于 1 km。

（4）试压设备：电动试压泵。

3．准备工作

（1）试压管道的焊接

管道清管合格后，需要采用与管道相同材料、30 mm 厚的封头封堵管道的两端，并且焊接符合管道焊接要求。由于试压时需要多次使用封头，所以不能直接将封头焊在待试压的主管道上，而是需要将封头先焊接在长度不小于 2 m

的直管节上（作为试压短节段），然后再将直管节与待试压主管道焊接在一起（如图 2-43 所示）。

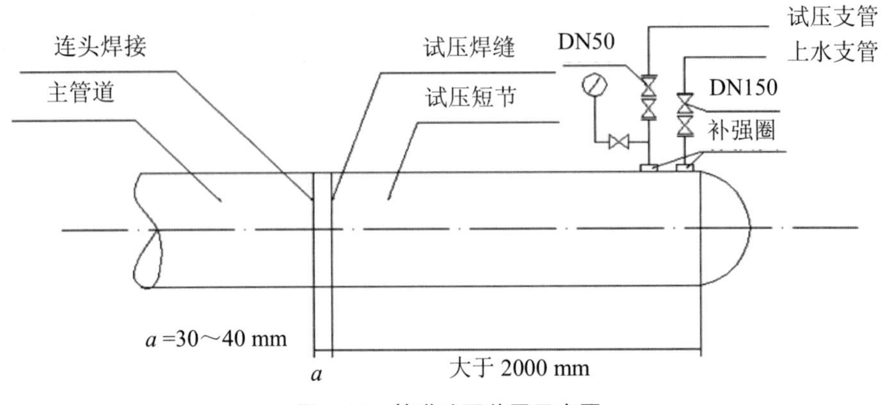

图 2-43　管道试压装置示意图

（2）为试验管段的后背支设

后背应墙面平整，并与管道轴线垂直。后背应设在原状土或人工后背上。如土质松软，应采取加固措施。若采用原有管沟土挡作后背墙，其长度不得小于 5 m。如图 2-44 所示为后背支设示意图。

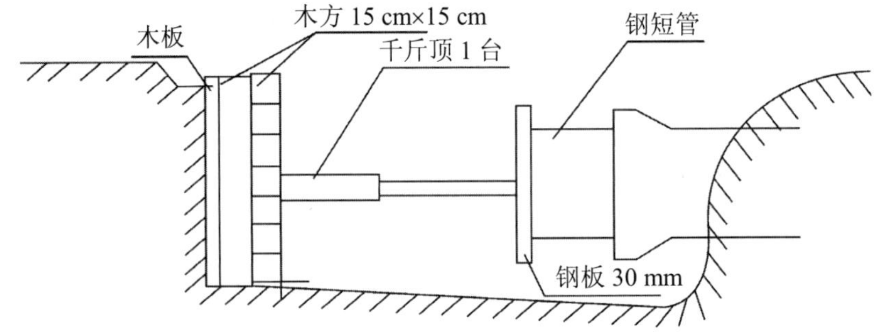

图 2-44　后背支设示意图

（3）试压准备

①在进行试压前，必须准备好试压设备，并安装好经强度计算选用检验合格的试压管线；同时，需要准备好无腐蚀性的清洁水作为水源，保持设备的完好。

②试压支管选用ϕ108 mm×δ5 mm 20#无缝管，阀门选用 Z43WF-16 MPa DN100。试验的连通管上应安装两个控制阀门。钢管和阀门须经检验合格。

③水压试验前试验管段所有敞口应封闭，不得有渗漏水现象。

④试验管段不得用闸阀作堵板，不得含有消火栓、水锤消除器、安全阀等附件。

⑤水压试验前应清除管道内的杂物。

⑥在试压管段两端各装一块压力表，其量程为试验压力的1.5～2倍，精度不得低于1.5级，表盘直径为150 mm。同时，在试压管段的两端，各安1支温度计，并且避免阳光直射。温度计的最小刻度应小于或等于1 ℃。

⑦在试压段的首尾端须做好值班人员的安排和照明的准备。

⑧准备好试压所需的通信、交通工具和医疗救护设备，以应对可能出现的紧急情况。

⑨试验操作前必须做好试压安全准备工作。

4．水压试验操作

水压试验操作应满足下列条件。

（1）向管道内注水时应从下游缓慢注入。在试验管段上游的管顶及管段中的高点设置排气阀，将管道内的气体排出。充满水24 h后才开始升压。

（2）试验管段注满水后，宜在不大于工作压力条件下充分浸泡后再进行水压试验，浸泡时间不小于24 h。

（3）将管道内水压缓慢地升至试验压力，并保持稳定30 min。若在此期间发现压力下降，可进行补压，但不能超过试验压力。同时检查管道接口、配件等是否有漏水、损坏现象。如果发现漏水、损坏，应立即停止试压，找出原因并采取相应措施后重新试压。

（4）在升压过程中，需要排除管道内的气体。如果发现弹簧压力计表针不稳且升压较慢时，需要重新排气后再进行升压。

（5）升压过程应分级进行，每次升级前都应检查后背、支墩、管身及接口是否异常。只有确认无异常现象时才能继续升压。

（6）停止注水补压，稳定15 min后，压力不应有下降。然后将试验压力降至工作压力并保持30 min，进行外观检查。若无漏水现象，则水压试验合格。

（7）试压环境温度应保持在5 ℃以上。如果低于此温度，需要采取防冻措施。

（8）试验合格后，应及时泄压，排除管内的余水。

（九）管道冲洗、消毒

管道冲洗用水采用洒水车现场供应。管道冲洗、消毒应分段进行，每段长度不得大于1500 m。自管道铺设高处往低处进行冲洗，并由大管径管道往小管径管道冲洗。在管道上游侧设置进水口，在下游侧设置排水口，有支管时应在支管尾部同时设置排水口。管道消毒采用漂白粉，进水口位置需设置加药口，并经过计算确保管道内氯离子含量不小于20 mg/L。

管道冲洗分两次进行。首先用清洁水冲洗管道至出水口水样浊度小于

3 NTU 为止。第一次冲洗完成后，进行管道的消毒。管道消毒前，应先封闭排水口。从进水口将管道内注满水，然后封闭进水口。从加药口将漂白粉加入管道中，并静置 24 h。管道消毒完成后，进行管道的第二次冲洗，直至水质监测、管理部门取样化验合格为止。

（十）沟槽回填

给水管道沟槽回填同前文介绍的排水管网的沟槽回填。

八、通信管道工程施工

通信管道工程的施工流程为：测量放线→沟槽开挖→清底→垫层浇筑→通信排管安装→中线、高程检查→混凝土浇筑→检查井施工→清理→沟槽回填至路基高程。

（一）沟槽开挖

沟槽开挖作业采用机械与人工相结合的方式进行，土方采用 1.6 t 反铲式挖掘机开挖，石方采用 DH500 钩机开挖，局部人工撬挖，装载机辅助装料。

沟槽开挖坡比按照设计图纸及地勘报告要求执行；设计槽底高程以上预留 30 cm 保护层，然后采用人工开挖。人工开挖应避免超挖及扰动原状土基，人工清理基槽的土方应及时运至沟槽外，开挖出的不合格土料采用 25 t 全密闭渣车外运。

如图 2-45 所示，槽底宽度用下式计算：

$$B=D+2C+2a$$

式中，D 为通信排管基础底宽；C 为工作面宽度；a 为排水沟宽度。根据工程经验一般取 a=0.3 m，C=0.5 m。

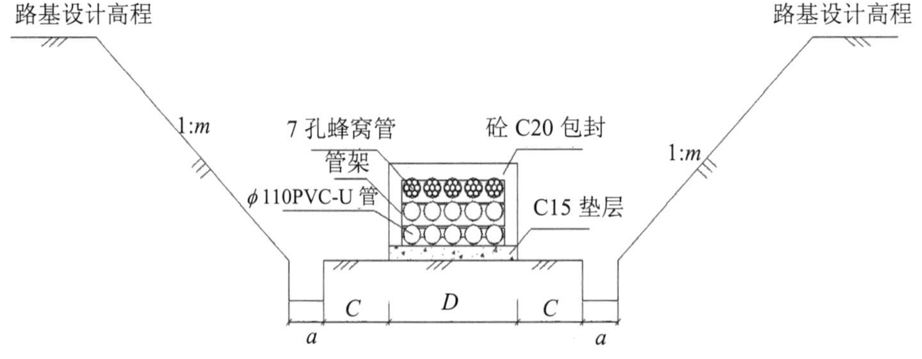

图 2-45　通信排管沟槽开挖断面图

（二）垫层浇筑

先对垫层进行支模。模板采用 5 cm 厚方木，外侧插设ϕ20 mm 钢筋地锚固定，锚固深度 20 cm。然后，采用 10 t 砼罐车将混凝土运至施工现场，泵送入仓，并用平板振捣器振捣密实。

（三）管道安装

垫层浇筑完成后，进行管道安装。通信排管间应设置管架，在排管接头两侧 50 cm 处各设置一道，其余位置间隔 1.5 m 设置一道。排管及管架均采用人工安装，安装过程中应控制管架的位置及间距，保证管道不发生偏移。

（四）模板安装

满包砼的结构模板采用竹胶木，模板外侧用ϕ48 mm×δ3.5 mm 钢管地锚固定，作为加固围檩，在其上部设置钢管对拉，钢管间距 0.5 m。

（五）混凝土浇筑

全线管道采用 C20 砼包封，包封厚度 8 cm，满包砼采用 10 t 砼罐车运至施工现场，直接下料送入仓。浇筑方式为分层浇筑，每一排排管为一层，砼浇筑时两侧同时进行。在混凝土浇筑过程中应注意对排管的保护，避免排管因振动棒的振捣而移位。浇筑完成后及时进行收面并洒水养护。

（六）管道加强保护

管道穿越机动车道及埋深不足 70 cm 时，排管周边需加ϕ10 mm 的构造钢筋保护。构造钢筋纵横间距 150 mm，钢筋保护层厚 30 mm。先进行门字钢筋的绑扎，后进行纵向筋安装。钢筋安装完成后安装包封混凝土模板，再进行包封混凝土浇筑。

（七）人孔、手孔施工

检查井施工流程为：基坑开挖→基础浇筑→井身砌筑→井身抹面→井内构件安装→预制混凝土盖板安装→井周加强→井座、井盖安装。

1．基坑开挖

根据设计图纸，通信井基础底部距设计路面约 2.5 m，通信井基坑开挖坡比按照管道沟槽开挖坡比，挖方段为 1:0.75，填方段为 1:1，基坑底部宽度可用下式计算：

$$B=D+2C$$

式中，D 为通信井基础底宽；C 为工作面宽度，取 C=0.5 m。

基坑开挖施工方法同管道沟槽开挖方法。

2．混凝土基础

根据《通信管道人孔和手孔图集》（YD/T 5178—2017）的要求，人孔采用 15 cm C15 现浇混凝土基础，手孔采用 12 cm C15 现浇混凝土基础。井口基础混凝土浇筑过程中需预埋积水罐位置。积水罐为圆柱状，底面直径为 23 cm，深度为 22.5 cm。模板采用 5 cm×15 cm 和 5 cm×12 cm 方木，外侧插设ϕ20 mm 钢筋地锚固定，锚固深度 20 cm。采用 10 t 砼罐车运至施工现场，直接泵送入仓，并采用平板振捣器振捣密实。

3．侧墙砌筑

根据《通信管道人孔和手孔图集》（YD/T 5178—2017）的要求，人孔、手孔侧墙均采用 M10 水泥砂浆砖砌体，内外壁分别采用 15 mm、20 mm 1:2.5 水泥砂浆抹面。经过测量人员放线复测后，按照砖砌体的工艺要求进行弹线、盘角、立皮尺杆、挂线，然后开始进行砌砖工作。在侧墙砌筑中，采用 MU10 页岩砖，砌砖所用砂浆为 M10 预拌干混砂浆，同时由专门的试验人员现场制作砂浆试件。砌筑砂浆必须嵌填饱满密实，灰缝整齐均匀，缝宽符合要求，并且砌体分层砌筑必须错缝。在砌体交接处，咬扣应紧密，同时预埋拉力环、支架螺栓且位置准确，保证符合规范要求。侧墙砌筑完成后，先用水湿润砖面，再进行侧墙抹面施工，侧墙抹面采用三步法。

4．电缆支架安装

根据《通信管道人孔和手孔图集》（YD/T 5178—2017）的要求，人孔中电缆支架采用高分子材料，支架包括 1.2 m 和 0.6 m 两种规格。电缆支架采用螺栓将电缆支架固定在预埋在侧墙内的支架螺栓上，保证支架安装牢固，位置准确，同一层支架位于同一水平面上。

5．盖板安装

根据《通信管道人孔和手孔图集》（YD/T 5178—2017）的要求，通信人孔、手孔采用 C25 预制砼盖板，盖板厚 20 cm。砼盖板采用外购，并按照图集要求选择相应盖板。盖板安装采用人工配合 25 t 吊车进行，保证吊装位置准确，盖缝严密，并注意缓慢吊装，防止磕碰，损坏盖板。

6．井筒砌筑

井室至路面段的井筒采用砖砌，砌筑方法同侧墙砌筑方法。砌筑完成后采用 1:2.5 水泥砂浆抹面，砂浆厚 20 mm，采用三步法施工。第一遍抹 10 mm 厚的 1:2.5 水泥砂浆打底，必须压入砖缝，与砖面粘贴牢固；第二遍抹厚 5 mm 找平；第三遍抹厚 5 mm 铺顺压光，抹面要一气呵成。

7．沟槽、基坑回填

根据设计图纸要求，通信管道沟槽、基坑回填材料及具体要求同路基回填要求。

（八）井周加强

位于道路路面范围内的人孔井井周 80 cm 采用 5%水稳碎石加强，水稳加强范围为井底至井圈。人孔井周围填土必须分层夯实，保证压实度不小于 98%。为防止井盖支座发生水平位移，混凝土井圈顶部须设置高于支座底面 2 cm 的防位移凸台，并在井圈内设置 3 个 M16 #200 膨胀螺栓。螺栓按等边三角形布置，支座安装时将螺栓固定在支座内。

九、路面工程施工

（一）级配碎石施工

级配碎石的施工流程为：施工准备→施工放样→运输→摊铺→整形→碾压。

1．施工准备

在正式铺筑级配碎石之前进行原土碾压，然后由实验室对路基进行压实度检测，由具备相关资质的检测公司对路基进行弯沉检测。其压实度、弯沉值等各项指标符合设计规范要求后，采用扫地车、洒水车配合人工，清扫表层的浮尘及渣土，确保路基具有规定的路拱，没有坑洞、辙槽及任何松散材料，并对路床顶高程复测。经项目部三检后再报监理工程师验收，验收合格后，方可进行下一道工序的施工。

2．施工放样

在路基上恢复中线，直线段每 15～20 m 设一桩，平曲线段每 10～15 m 设一桩，并在两侧路肩边缘外每 10 m 设指示桩定出级配碎石摊铺坡脚线，指示桩上用明显标记标出边缘的设计高。标高控制桩测设完成后，其上设置钢丝绳作为行走的标高控制基准线。

3．运输

采用 25 t 自卸汽车运料，料斗上用篷布覆盖，以减少混合料含水量的损失。到达施工地段后运料车在摊铺作业面以外调头，倒退驶入摊铺现场，避免破坏下承层。为保证作业面连续铺筑，现场存料车不低于 5 辆。自卸汽车在已完成的铺筑层表面上通过时，速度要缓，禁止急刹车，以减少不均匀碾压和避免破坏表层强度。

4．摊铺

（1）根据铺筑层的厚度和要求达到的压实度，计算每车混合料的摊铺面积。

（2）级配碎石摊铺时，按左右分幅摊铺，每层摊铺宽度均比设计宽度加宽 50 cm。

（3）用平地机将混合料按松铺厚度摊铺均匀。松铺过程中实时监测摊铺平整度，人工进行调整，并采用人工对路肩位置及检查井、雨箅子周围进行整平。

（4）铺设过程中必须有专业测量人员进行高程和摊铺厚度控制，如施工完成面高程高于或低于设计要求，须进行整改返工。

5．整形

摊铺下承层时，路基表面应适量洒水，保持湿润。摊铺过程中每前进 10 m，检测级配碎石摊铺顶面标高，检测位置同路基顶面，记录下数据，并根据之前测量的级配碎石底面标高计算出级配碎石松铺厚度及横坡度。同时设专人检测摊铺平整度，不合格时，应立即进行调整。并设专人清理摊铺机后的离析料，重新补混合料。

6．碾压

每摊铺平整 20 m，采用 25 t 轮胎压路机进行振动碾压，碾压时由两侧路肩向道路中心进行，压路机后轮应重叠 1/2 轮宽。道路全宽范围全部碾压完为一遍，碾压不少于 8 遍，保证级配碎石压实度达到 96%。碾压密实后，采用 20 t 双钢轮压路机碾压，保证表面平顺，并使表面无明显轮迹。每段碾压完成后，复测顶面高程，不满足要求的部位及时进行处理。检查井及雨箅子周围机械无法碾压的部位人工采用打夯机进行分层夯实，每层厚度 15 cm。两作业段的衔接处应搭接拌和，第一段拌和后，留出 5～8 m 的厚度不予碾压，第二段施工时，将前段留下未压实部分与第二段一起拌和整平后进行碾压。

（二）水泥稳定碎石层施工

水泥稳定碎石层的施工流程为：施工准备→施工放样→运输→摊铺→整形→碾压→养护。

水泥稳定碎石层必须分两次进行铺筑，严禁“两次摊铺，一次成型”，下层水泥稳定碎石层铺筑完成后，必须养护 7 天，经弯沉检测满足设计要求后方可进行上一层结构施工。

1．施工准备

在水泥稳定碎石施工前，应对底基层级配碎石进行高程、厚度、弯沉、压实度、纵横坡度及平整度等检测，检测合格并将其表面清理干净后才能进行水泥稳定碎石层铺筑。

2．施工放样

铺筑水泥稳定碎石前，先在底基层放出铺筑范围边线，每间隔 20 m 设置一道标识桩，标识桩上标出水泥稳定碎石层顶面高程，并在顶面高程以上 2 cm 位置拉钢丝绳作为水泥稳定碎石层松铺高程控制基准线。

3．运输

水泥稳定碎石混合料的运输同级配碎石运输方法。到达施工地段后运料车倒车至摊铺机前 30 cm 位置停住，开始卸料至摊铺机料斗内。

4．摊铺

铺设过程中必须有专业测量人员进行高程和摊铺厚度控制，如施工完成面高程高于或低于设计要求，须进行整改返工。水泥稳定碎石摊铺前先采用 10 t 洒水车对底基层进行洒水湿润。采用摊铺机进行连续摊铺，摊铺采用一侧钢丝绳引导的高程控制系统控制摊铺高程。摊铺过程中摊铺机后安排 3 名工人进行检查，消除粗细集料离析现象，对粗骨料集中部位进行铲除，并用新拌混合料填补。摊铺过程中严格控制虚铺厚度，每层摊铺宽度均比设计宽度加宽 50 cm。

5．碾压

水泥稳定碎石层的碾压施工方法同级配碎石施工。

6．养护

每段碾压完成后，须经压实度检查合格，再加薄膜覆盖进行养护，直至开始上部结构施工为止。养护期间应封闭交通，并派专人对施工沿线进行看护管理，封闭一切可能进入工地的路口。养护结束后，再将覆盖物清除干净。

（三）路缘石施工

1．施工放样

测量人员由中线按照设计尺寸放出路缘石的铺设边线，并在边线位置上设定位控制桩。定位控制桩采用钢钎，直线段每 10 m 设一根，曲线段每 5 m 设一根，路口处每 2 m 设一根，使用水准仪进行测量。将路缘石顶面所应达到的标高在钢钎上准确标出，然后在标记位置纵向挂线，作为铺设的控制依据。

2．运输

路缘石采用 25 t 自卸汽车运输，运至施工现场时进行复检，强度不合格、色泽不一致、外观尺寸误差较大等不符合规范要求的路缘石不使用。测量放样完成后，采用叉车将路缘石从堆放料场运至施工现场分段堆放，再人工持工具运至安装地点进行安装。在路缘石的运输过程中，应轻拿轻放，避免损坏。将路缘石沿基础一侧依次摆放整齐，以待安装。

3．安装

（1）试摆：在基层上按照给定的铺设边线码放路缘石进行试摆，调整路缘石之间的相对位置。对反复调整仍不能使线形直顺的个别路缘石不予使用。

（2）铺设：路缘石试摆完成后，将其移开，在基层顶部铺上干硬性水泥砂浆，然后将路缘石放置在砂浆上。确保砂浆饱满且厚度均匀，具体的砂浆厚度应以路缘石放置后其顶面高度与设计高程线重合来确定。铺设过程中，使用线绳和直尺反复检查路缘石的边缘直顺度和顶面平整度，如果发现不符合要求，立即进行调整或返工。

（3）勾缝：在进行勾缝前，先清除路缘石缝内的土及杂物，并用水湿润，然后采用水泥砂浆填充缝隙并勾平，使用弯面压子压成凹形。要求缝宽均匀，填缝密实。完成铺设后，对勾缝处的砂浆进行常温期洒水养护，至少 3 天，以确保其强度符合设计要求。

（4）清理：待路缘石勾缝完成 12 小时之后，用软扫帚或湿抹布将路缘石表面的灰浆清洗干净。

（四）透层沥青施工

水泥稳定碎石层施工完成并养护 7 天以后，进行弯沉检测，合格后开始洒布透层沥青。透层油喷洒后，应确认透层油渗透入基层深度至少达到 5 mm，并能与基层联结成为一体。喷洒不足的及时补洒，过量的部位予以刮除。

（五）同步碎石封层施工

1．施工准备

在正式铺筑沥青底面层之前，应由实验室对水稳层进行压实度检测，由具备相关资质的检测公司对水稳层进行弯沉检测。其压实度、弯沉值等各项指标符合设计规范要求后，采用扫地车、洒水车配合人工清理水稳层表面的浮尘及渣土，确保水稳层具有规定的路拱，没有坑洞、辙槽及任何松散材料。经项目部三检后再报监理工程师验收，验收合格后，方可进行同步碎石封层的施工。

2．施工放样与运输

同步碎石封层施工放样与运输方法同级配碎石。

3．摊铺

采用沥青同步碎石封层车将沥青和碎石同步摊铺在路面上，封层车应保持稳定的速度和喷量，沥青洒布的温度保持在 170～180 ℃。安排 2～3 人紧跟车后用竹笤帚把弹出摊铺宽度的碎石及时扫回到摊铺宽度内。

4．碾压

初压采用 20 t 钢轮压路机碾压一遍，中压采用 26 t 胶轮压路机碾压 3 遍，终压采用 26 t 胶轮压路机碾压 3 遍。

（六）沥青底层、中层施工

1．沥青料的运输

沥青面层采用商品沥青混合料，由实验室组织人员到拌和站对沥青混合料进行监控。采用 25 t 自卸汽车从拌和站运输，每天施工完成后自卸汽车的车厢底板面及侧板内壁应保持洁净。为防止混合料与车厢板黏结，每天施工前在车厢板上涂一薄层隔离剂或防黏剂。每车装料前，应对车厢进行检查。运料车在运输沥青途中采用苫布覆盖，用以保温、防雨、防污染。

运料车在进入摊铺工作面前应用水枪冲洗车轮等部位，防止泥土进入工作面。进入铺筑工作面后，应避免急刹车、急拐弯掉头，以免对封层造成损伤。局部损伤部位应及时处理。

沥青料运至摊铺地点后须检查拌和质量，特别是到场温度。沥青料的运输要使用专用的车辆，运输车的运量相较于拌和能力和摊铺能力应有所富余。在施工过程中，保证有 4 台以上等待卸料的运料车。

2．沥青料的卸车、摊铺

沥青面层施工时须在现场布置足够的安全设施，主要有红白相间锥形桶、安全围栏、警示带、警示标识。同时，配备足量安全员，对全线安全问题进行巡查、掌控。杜绝外来人员、车辆进入施工现场。

底面层施工时采用两台摊铺机进行并排梯队作业。采用钢丝绳引导的高程控制方式，具体方法为：全站仪按 10 m 间距放出路线中桩，再根据各中桩沿横断面方向放出边部控制点，并在控制点上插上钢钎，用红布条在钢钎上做好标记，红布条所示高程应为该结构层顶面高程与松铺高度之和，再用钢线穿过红布条所示位置并固定在钢钎上，通过位于摊铺机角位移上的传感器在钢线上采集数据。

摊铺机以均匀的速度行驶，以保证混合料平整且均匀地摊铺，不产生拖痕、断层和离析等问题。每台摊铺机后面跟随 2～3 人，及时处理摊铺后留下的局部缺料、个别石料粒径超标及局部泛油等问题。

摊铺过程中，需要不断地用插地尺插入摊铺层，以测量摊铺厚度，或者利用拌和厂沥青混合料总生产量与实际铺筑的面积计算平均厚度进行总量检验。铺设过程中必须有专业测量人员进行高程和摊铺厚度控制。还应随时用 3 m 靠尺检查其平整度，同时须采用仪器检测其路拱及温度，对不合格之处及时进行调整。

沥青铺筑时做好排水工作，并不得在雨天施工，已摊铺的沥青层因遇雨未进行压实的应予以铲除。当施工气温低于 10 ℃时停止摊铺。

3．沥青料的碾压

沥青混合料的碾压通常分为初压、复压和终压三个阶段。初压需要在摊铺机后紧跟进行，使用 20 t 双钢轮压路机以较高温度进行 1～2 遍的静压。初压时，温度不宜低于 120 ℃，碾压速度为 1.5～2 km/h，重叠宽度为 200～300 mm，并确保压路机的驱动轮始终朝向摊铺机。复压应紧接在初压后进行，采用 25 t 轮胎压路机静压 1～2 遍，然后采用 26 t 胶轮压路机振动碾压 2～4 遍，直至达到要求的压实度。复压温度不宜低于 100 ℃，速度控制在 4～5 km/h。终压紧接在复压后进行，采用 20 t 双钢轮压路机静压 2～3 遍，至表面无轮迹。终压温度不宜低于 80 ℃，碾压速度为 3～4 km/h。

对路边缘、拐角等局部地区采用手扶式压路机、平板夯及人工墩锤进行加强碾压。

工作中断使摊铺材料的末端已经冷却或者第二天才恢复工作时，应做成一道垂直横接缝。在碾压完成后的尾端用 3 m 直尺进行检查，将厚度不合格的混合料用人工在混合料冷却前清除，大致保持横缝垂直于路线中心线。下次摊铺前将接缝处清理干净，碾压时压路机横向位于已压实断面上，伸入新铺层宽度 15～20 cm，然后每压一遍向新铺段移 15～20 cm，直至压路机全部位于新铺层为止，然后改为纵向碾压。在碾压过程中随时用 3 m 直尺进行平整度检测，不符合要求时用人工及时处理。上、下层的横向接缝错开 1 m 以上。

（七）黏层施工

在进行沥青中面层及上面层施工前应先进行黏层施工。在进行黏层及沥青中面层、上面层的施工时需要保护路缘石，可采用彩条布覆盖路缘石的保护方式来避免污染路缘石，待施工完成后拆除彩条布。

在黏层施工之前，应由实验室对沥青底面层或中面层进行检测。其压实度、弯沉值等各项指标符合设计规范要求后，用扫地机配合人工对沥青底面层进行清理，保证无浮尘、泥土，确保沥青底面层具有规定的路拱，没有坑洞、辙槽及任何松散材料。经项目部“三检”后再报监理工程师，验收合格后，方可进行黏层的施工。

黏层采用沥青洒布车喷洒，洒布的黏层油应成雾状，在路面全宽度内均匀地分布成一薄层，不得有洒花漏空或成条状，也不得有堆积。喷洒不足的部位应及时补洒，过量的部位予以刮除。待乳化沥青破乳、水分蒸发完成后紧跟着铺筑沥青。

喷洒黏层油后在下一面层施工完成前，应设置围挡，拉设安全警示带，严禁运料车外的其他车辆和行人通过，确保黏层不受污染。

（八）沥青上面层施工

沥青开铺前应将摊铺机的熨平板加热至 65 ℃，采用雾状喷水法清洗胶轮，严禁用柴油清洗。

沥青上面层到场温度及摊铺温度应不低于 160 ℃，运输及摊铺方式类似底层、中层施工方式。

1．沥青料的碾压

沥青混合料的碾压在高温下紧跟摊铺机碾压，碾压段落长度控制在 30～40 m，碾压分初压、复压、终压三个步骤。

沥青混合料的压实采用两台 DD-110 重型双钢轮压路机成梯队来回强振 2 遍，2 台 26 t 双钢轮振动压路机来回强振 1 遍，静压 1 遍。

钢轮压路机的初压速度为 2 km/h，复压速度为 3 km/h，终压速度为 3 km/h。钢轮压路机需要紧跟在摊铺机后进行碾压。在整个碾压过程中，压路机的起步和制动都需要缓慢地进行，而且在正常行驶后才能启动振动，停机时先关闭振动再慢慢停下来。当驶入下一个碾压带时，压路机应该倒至已经冷却的沥青料上，缓慢调整方向行驶，严禁在热的沥青料上打方向。另外，为钢轮压路机加水时，压路机应该停在已经冷却的路段上。

压路机的碾压顺序为：从低处向高处，从内弯到外弯。在进行沥青碾压时，喷水装置向碾压钢轮的表面均匀喷水使轮子不黏带混合料，严禁在钢轮上涂抹柴油。坚持压路机抢高温迅速压实的原则。

沥青混合料的碾压温度为：初压温度不低于 110 ℃，复压温度不低于 80 ℃，终压温度不低于 60 ℃。温度控制须有专人控制记录，温度低于要求的沥青料要求离场，不得使用。

在路面完全冷却后，随机选点钻孔取样，如一次钻孔同时有多层沥青层时需用切割机切割，待试件充分干燥后，分别测定密度，同时测量沥青层的厚度。

施工过程中应随时对路面的外观（包括色泽、油膜厚度、表面空隙等）进行评定，尤其特别注意防止粗细集料的离析和混合料温度不均造成的路面局部渗水严重或压实不足的现象。如果路段严重离析、渗水，且经 2 次补充钻孔仍不能达到压实度要求，应予铣刨或局部挖补，返工重铺。在铺筑过程中需有专人监督、看守材料厂，并对车牌号进行记录，防止沥青面层各材料混用。

工作中断使摊铺材料的末端已经冷却或者第二天才恢复工作时，应做成一道垂直横接缝。在碾压完成后的尾端用 3 m 直尺进行检查，将厚度不合格的混合料用人工在混合料冷却前清除，大致保持横缝垂直于路线中心线。下次摊铺前将接缝处清理干净，碾压时压路机横向位于已压实断面上，伸入新铺层宽度

15～20 cm，然后每压一遍，向新铺段移 15～20 cm，直至压路机全部位于新铺层，然后改为纵向碾压。在碾压过程中随时用 3 m 直尺进行平整度检测，不符合要求时人工及时处理。上、下层的横向接缝应错开 1 m 以上。

2．开放交通

在摊铺层完全自然冷却后（混合料表面温度低于 50 ℃），经监理工程师审核并书面同意，才能开放交通。

十、综合管廊混凝土结构施工

综合管廊混凝土一般采用明挖现浇施工，混凝土均采用商品混凝土，主要工序分为两部分。

第一部分为垫层浇筑：沟槽验槽完成→模板支设→C20 垫层混凝土浇筑。

第二部分为主体结构浇筑：主体结构分标准段和特殊结构，主要浇筑流程如图 2-46 所示。

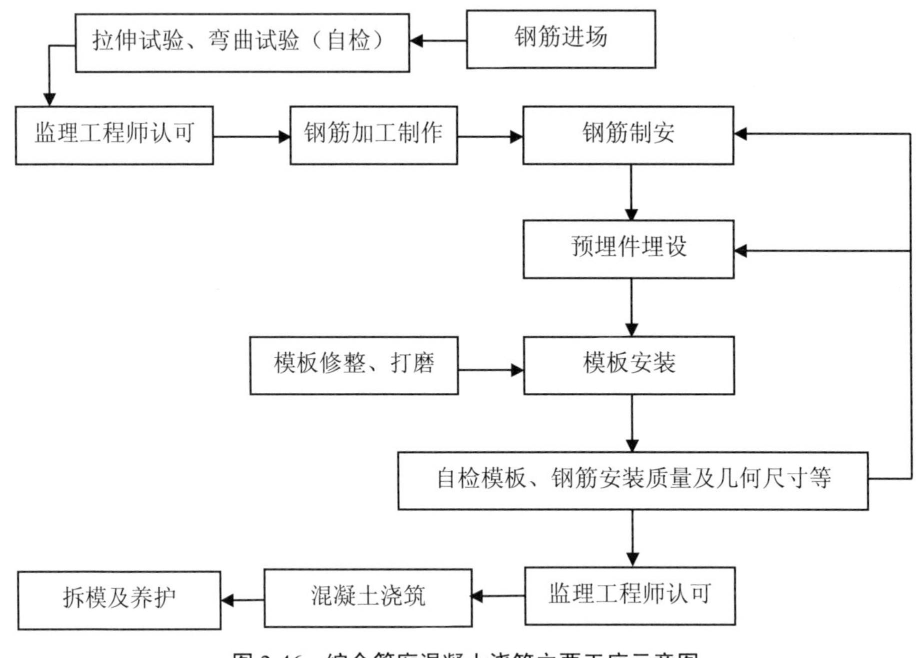

图 2-46　综合管廊混凝土浇筑主要工序示意图

（一）混凝土垫层施工

垫层砼厚度为 10 cm，模板可选用 P1015 钢模板或 5 cm×10 cm 方木，两侧设 ϕ20 mm 插筋固定，插筋间距 40 cm 左右。砼采用砼罐车运输至施工作业面后，直接泵料入仓，人工用ϕ30 mm 插入式振捣器振捣密实，并用铁抹子收面平整。如图 2-47 所示为垫层成形面示例。

图 2-47　垫层成形面示例

（二）钢筋制安

钢筋制安施工流程为：钢筋原材料检验→钢筋下料→钢筋加工→钢筋安装。

1．原材料检验

（1）钢筋进场时需要检查出厂合格证，并抽取试件进行屈服强度、抗拉强度、伸长率、弯曲性能和重量偏差检验。

（2）钢筋进场后，检查所有钢筋表观质量，钢筋应平直、无损伤，表面不得有裂纹、油污、颗粒状或片状老锈。

2．钢筋堆存

（1）因钢筋原材料品种繁多，加工后用处各异，为避免使用时混淆，要分类堆放并挂牌注明编号、批次及数量。

（2）钢筋不得与酸、盐、油类等物质堆放在一起，以免被腐蚀。

（3）钢筋应尽量堆放在仓库内或用彩条布覆盖，钢筋下铺设隔水垫木，做到“上盖下垫”，并采取有效的防水措施。

（4）若采用场外堆放，钢筋堆放场地地势要稍高（至少高于周围地面 20 cm），无积水，无杂草，最大堆放高度以最下层钢筋不变形为准，如图 2-48 所示。

3．钢筋下料与加工

（1）按设计图纸一一列出钢筋耗表，并严格遵照耗表进行加工。

（2）钢筋表面应洁净，使用前将表面油渍、漆皮、鳞锈等清除干净。

（3）钢筋平直、无局部弯折，成盘的钢筋和弯曲的钢筋均须调直。

图 2-48　钢筋堆放示例

4．钢筋安装

采用人工现场安装的方式进行钢筋安装。在基础面上用墨线按钢筋的位置及间距画线，严格按施工图纸及规范要求进行安装。钢筋的连接根据施工图纸及规范要求采用焊接、绑扎连接和机械套筒连接的方式。剪刀加强筋与主筋采用点焊，焊点不少于 3 个。在进行搭接焊时，两根钢筋搭接端部预先折向一侧，再让两接合钢筋轴线重合，双面焊的焊缝长度不小于 5 d，单面焊的焊缝长度不小于 10 d。钢筋绑扎时，扎丝相互错开，搭接长度不小于 35 d 或 50 cm，必要时采用点焊焊牢，如图 2-49 所示。

图 2-49　钢筋绑扎连接示例

直径大于 25 mm 的钢筋，采用机械套筒连接（如图 2-50 所示）。机械套筒连接的施工流程为：原材料检验→钢筋断料→丝头加工→丝头检验→套丝保护→现场连接→接头检验。施工过程中注意对丝头加工质量及现场连接质量的控制，并按规范要求做好相关检验，检验合格后方可进行下一道工序施工。

图 2-50　钢筋机械套筒连接示例

主筋与分布筋采用扎丝绑扎连接时，管廊主体结构与集水坑逐点绑扎，通风口、投料口、出线井可间隔绑扎。

管廊施工时，预埋好人孔、风孔等洞口预埋钢筋。

（1）交叉口墙体钢筋安装（如图 2-51 所示）

①施工流程为：弹墙体位置线、门洞口线→修整预留搭接筋→绑横、竖向钢筋梯子→绑竖筋→绑横筋→绑墙体拉筋→垫块安装→验收。

②施工要点如下。

第一，钢筋配筋均为双排双向，竖筋在内，横筋在外，墙体水平筋应按设计及规范要求锚入墙端暗柱内。

第二，搭接长度应按设计及相关规范要求。

第三，外墙插筋要留够搭接长度，要考虑连接底板的导墙的高度。

第四，绑扎墙体钢筋时，设置ϕ8 mm 拉筋，间距为 40 cm。

第五，墙体钢筋的保护层厚度迎水面为 5 cm，背水面为 3 cm；为保证钢筋的混凝土保护层厚度，施工中使用专门的塑料垫块，直接卡在墙体水平筋上。

第六，钢筋接头位置按设计和规范要求，同一截面区域范围内受拉区搭接接头不超过 25%，受压区不超过 50%。

（2）交叉口框架柱钢筋安装

①施工流程为：框架柱竖向钢筋接长→套箍→绑扎→安装垫块、预埋件、墙拉筋→验收。

②施工要点如下。

第一，框架柱竖向钢筋采用电弧焊连接，其接头位置按两个断面错开设置，接头之间的距离不得小于 35 d，且不得小于 50 cm。

图 2-51　交叉口墙体钢筋安装示例

第二，柱箍筋的接头（弯钩叠合处）交错布置在四角纵向钢筋上，箍筋转角与纵向钢筋交叉点均应绑牢，箍筋平直部分与纵向钢筋交叉点可间隔扎牢。

第三，柱钢筋绑扎时根据设计要求，安装好预埋件和墙拉筋。

第四，用专门的塑料垫块，直接卡在水平箍筋上以保证钢筋保护层厚度。

（3）交叉口梁、板钢筋安装

①施工流程为：安放梁主筋→套箍→绑扎→安装垫块→板筋布设→绑扎→验收。

②施工要点如下。

第一，框架梁板钢筋的设置位置：次梁钢筋放在主梁钢筋上，板底部钢筋顺短跨钢筋放在下层，顺长跨钢筋放在上层。

第二，框架梁下部钢筋接头设在支座处或支座两侧 1/3 跨度范围内，上部钢筋接头设在跨中 1/3 范围内。

第三，当梁与柱外皮齐平时，梁外侧纵向钢筋稍作弯折，置于柱筋内侧，并在弯折处增加两个梁箍。

第四，梁箍筋与主筋垂直设置，箍筋弯钩叠合处沿主筋方向错开设置。

第五，板内下筋在支座处搭接，且伸入支座的远边，板内上筋不能在支座处搭接；板面钢筋在角部相交时，短跨钢筋在上排，长跨钢筋在下排。

第六，梁板双层筋之间设 ϕ16 mm（HPB400）马凳筋，以保证板钢筋位置准确。

第七，梁柱相交部位的箍筋必须按设计要求的间距绑扎牢固。

马凳筋运用示意如图 2-52 所示。

图 2-52　马凳筋运用示例

如图 2-53 所示为梁、板配筋示意图，马凳筋尺寸取值可按以下式子计算：

上平直段 a=板筋间距+8 cm

高度 b=板厚−2×保护层−∑（上部板筋与板最下排钢筋直径之和）

下平钢筋 c=板筋间距+8 cm

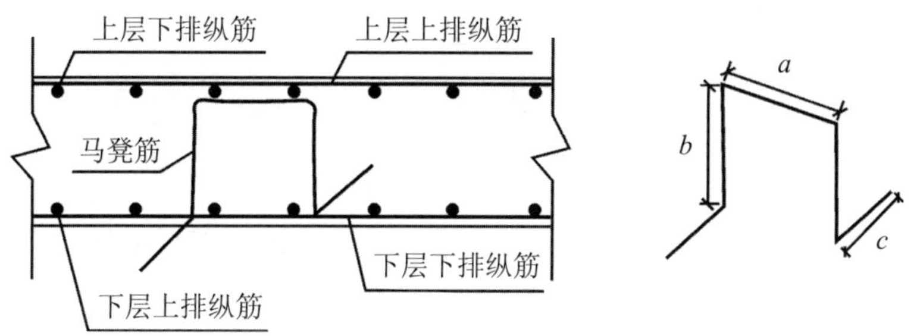

图 2-53　梁、板配筋示意图

（4）钢筋保护层控制

钢筋保护层厚度迎水面为 5 cm，背水面为 3 cm。为保证钢筋的混凝土保护层厚度，在钢筋与模板之间设置强度不小于结构设计强度的专用塑料垫块，垫块相互错开，分散布置，平均每平方米 3 个垫块。施工完毕后禁止在钢筋上踩踏，防止钢筋受力过重导致位移或垫块损坏。在砼浇筑过程中，安排专职人员经常检查垫块，如发现变动及时矫正。

（四）预埋件埋设

1．止水带

止水带主要有中埋式钢板止水带（Q235，t=3 mm）、中埋式紫铜板止水带

（t=2 mm）、可拆卸式氯丁橡胶止水带（300 mm×8 mm）三种。施工过程中严格按照设计及规范要求选用止水带规格，并在止水带进场后进行相关性能试验。止水带在存放时应避免水汽、油污、长期暴晒等。

钢板止水带接头采用双面焊，搭接长度 30 mm，在转角处设置成圆弧。钢板止水带与结构分布钢筋点焊固定，焊点间距 25 cm。

紫铜板止水带接头采用黄铜焊条双面焊接，搭接长度大于 20 mm，在转角处设置成圆弧。紫铜板止水带与结构分布钢筋点焊固定，焊点间距 25 cm。

橡胶止水带接头采用冷接，将需连接的橡胶止水带两端削成匹配的接头，接头端表面挫毛后用橡胶清洁剂清洗，晾干，再刷胶粘贴上橡胶板（双面），搭接长度不小于 20 cm。可拆卸式橡胶止水带采用预埋的 M16 螺栓+扁钢压条+腻子型膨胀条固定。安装止水带时，根据现场预埋螺栓的实际位置采用皮带冲打孔方法。在安装过程中不能用力拉扯止水带，要确保止水带与扁钢压条及腻子型膨胀条之间的严密。

如图 2-54～图 2-57 所示分别为钢板止水带示意图、紫铜板止水带示例、侧墙止水带安装示意图、底板及顶板止水带安装示意图。

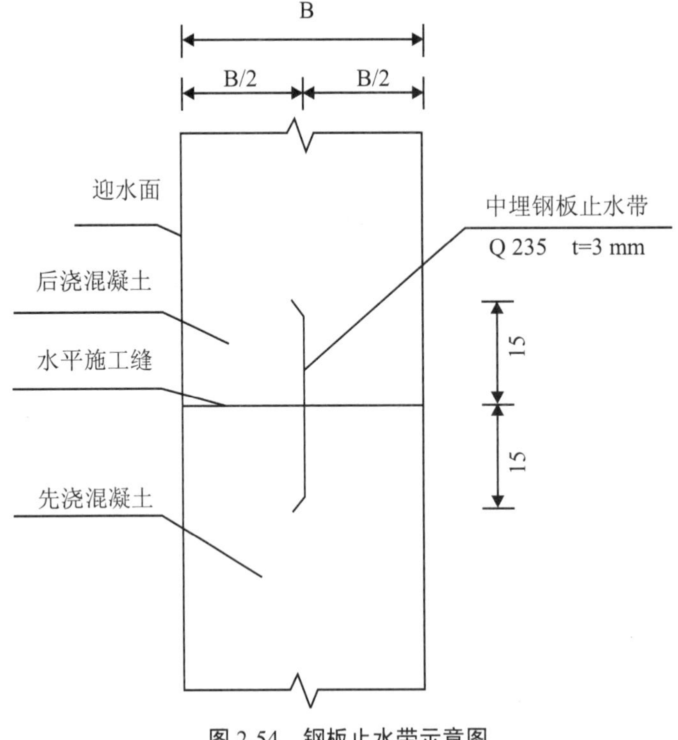

图 2-54　钢板止水带示意图

图 2-55　紫铜板止水带示例

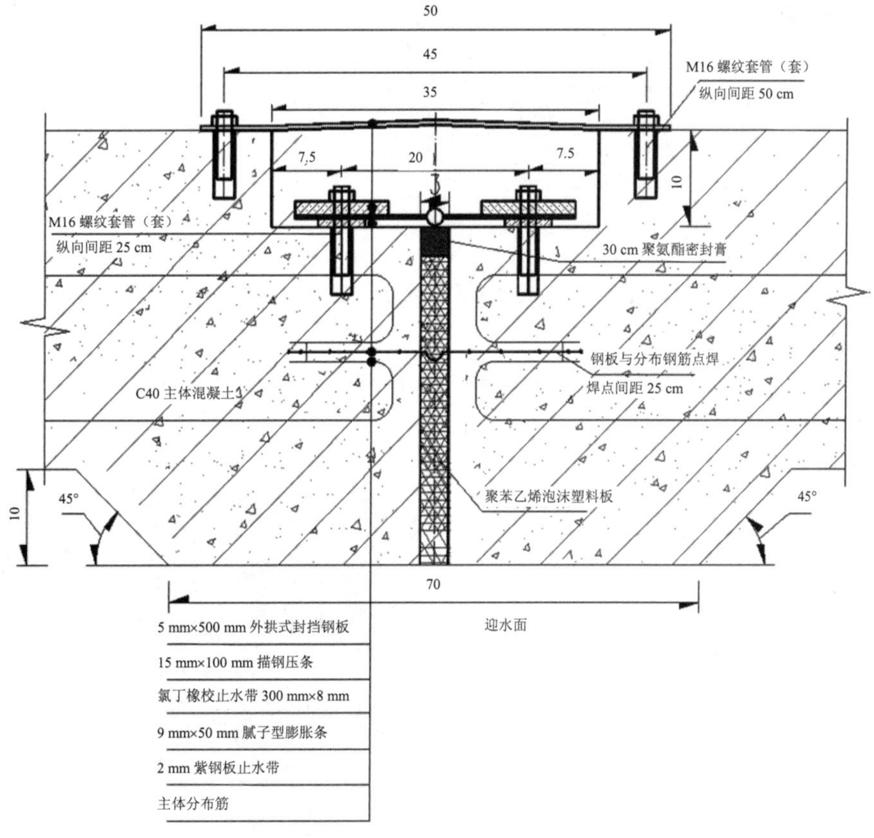

图 2-56　侧墙止水带安装示意图

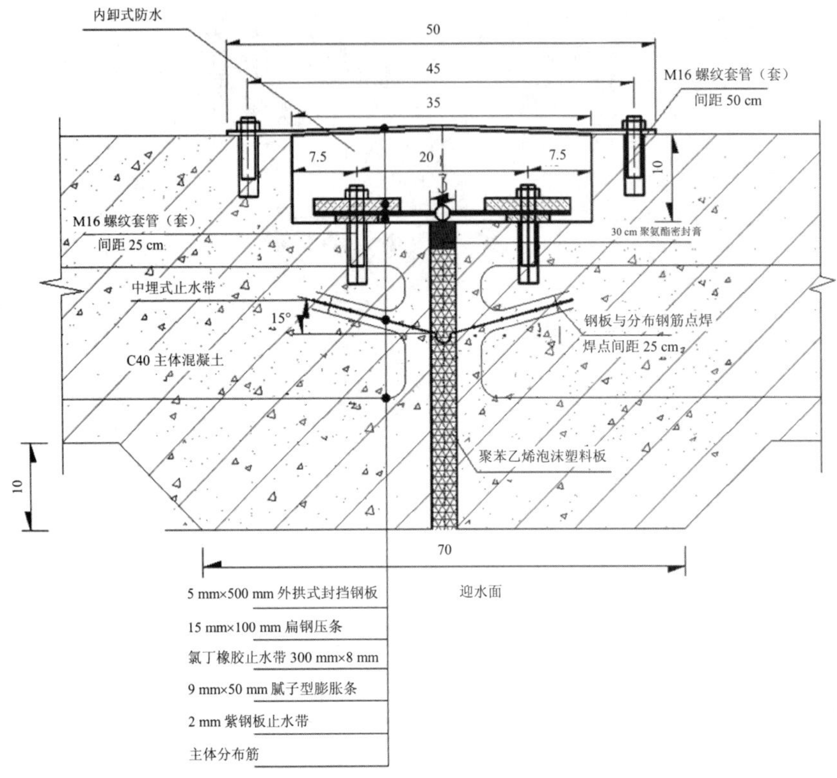

图 2-57　底板及顶板止水带安装示意图

2．承重地锚

综合管廊顶板及直墙一般每隔 10 m 设置一组ϕ20 mm 钢筋承重地锚（HPB300），每组 4 件；在管廊平面、纵断面转折处增设一组承重地锚（如图 2-58 所示）。

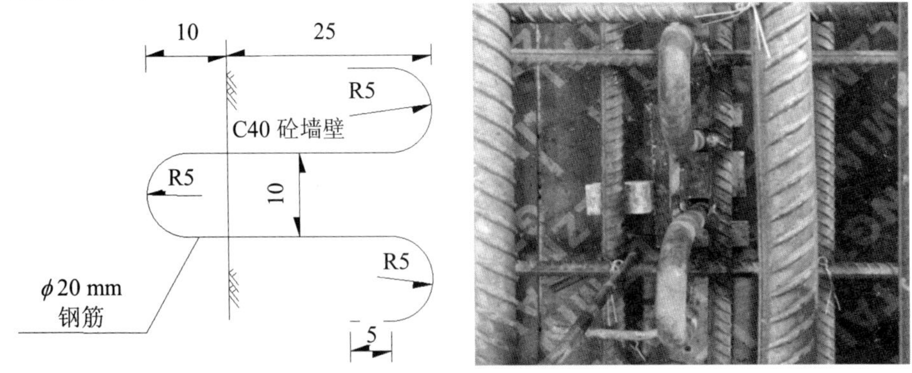

图 2-58　地锚安装示意图

3．钢板

综合管廊 2 舱顶板及直墙一般每隔 3 m 设置一组预埋钢板，每组 3 件；在管廊平面、纵断面转折处增设一组预埋钢板，预埋钢板厚 10 mm，钢板采用小钉子钉在木板上进行固定（如图 2-59 所示）。

图 2-59　钢板安装示例

4．螺栓

工程中需要预埋的螺栓主要为变形缝处内卸式防水结构中固定封挡钢板及氯丁橡胶止水带的 M16 螺栓，转弯、交叉口、出线井等的上下层过渡段按间距 1 m 布设的 M16 螺栓，以及投料口不锈钢栏杆的 M10 螺栓。螺栓预埋时严格按照图纸间距及规格要求，螺栓的螺母及外露螺杆应涂刷黄油后用塑料胶带包裹（如图 2-60 所示），铁丝扎紧，螺栓采用固定架或定位模板固定。混凝土浇筑时，施工人员应加强监测，一旦出现偏差，及时纠正。预埋时微露出混凝土表面，防止移位。

图 2-60　包裹示例

5．竖槽

竖槽为带齿槽的 U 形或 V 形截面的碳钢槽，与配套螺栓连接为整体（如图 2-61 所示）。预埋于管廊 1 舱两侧侧墙内壁，每 1.5 m 埋设 2 根，预埋电缆竖槽高度为 2.4 m，预埋通信线缆竖槽高度为 1.4 m。交叉口处通信线缆竖槽高度为 1.1 m，预埋于构造柱中。竖槽预埋前对其表面进行热浸镀锌处理，镀层厚度不小于 55 μm。竖槽预埋时距离变形缝、伸缩缝、施工缝等的间距为 25 cm，与模板采用配套的 T 形螺栓或专用卡具固定。在固定模板后混凝土浇筑前，检查竖槽是否和管廊地坪保持垂直，若出现倾斜或移位的现象，应及时调整。为避免混凝土浇筑时漏浆污染竖槽，竖槽内填充环保低密度聚乙烯（LDPE）密封条，两端设端盖封口。

图 2-61　竖槽安装示例

6．接地扁铁

接地扁铁一般为 50 mm×5 mm 的热浸镀锌扁铁，一端焊接在竖槽上，并与管廊纵向水平钢筋焊接，另一端伸出管廊外壁 10 cm。

（五）脚手架的搭设

1．脚手架的形式

（1）侧墙采用双排脚手架（如图 2-62 所示）。

（2）现浇框架柱、梁、板支模架采用满堂脚手架（如图 2-63 所示）。

图 2-62　双排脚手架示例

图 2-63　满堂脚手架示例

2．脚手架的材料

脚手架管采用ϕ48 mm×δ3.5 mm 钢管，并配备足够数量的一字扣、旋转扣和十字扣。脚手板采用 300 mm×30 mm 的木板。

3．脚手架搭拆的基本要求

（1）脚手架的搭设必须坚固、稳定、安全、适用，严格按设计的立杆、横杆距离搭设。立杆底部设置 3 cm 厚垫木，在距垫木不大于 30 cm 处设置扫地杆。脚手架设剪刀撑和斜撑，并设防电、避雷装置且其测试电阻不得大于 30 Ω。

（2）搭设时，操作层的脚手板要铺满、铺稳，不得有翘头板，并在操作层的外侧边搭设安全护栏和安全挡板。安全立网与外架必须绑扎牢固，连续设置，不得遗漏。

（3）脚手架搭设完须经验收合格后方可使用。

（4）在使用过程中，应经常对脚手架进行检查、维护，发现不符合要求的地方及时处理。

（5）各种材料、机具不能集中堆放在脚手架上。

（6）拆除脚手架时必须自上而下逐层进行，秉持“先搭的后拆、后搭的先拆”的原则，将拆下的管件、跳板等物体逐层下传，并且要及时进行清理和归类堆放。

（7）连墙件也要随脚手架逐层拆除，严禁先将连墙件或数层拆除后再拆除脚手架的操作。分段拆除高差不应大于 2 步，如高差大于 2 步，应增设连墙件加固。

（8）脚手架拆至下部最后一根长立杆的高度时，应先在适当位置搭设临时支撑加固后，再拆除连墙件。

（9）当脚手架采取分段分立面拆除时，对暂不拆除的脚手架，两端增设连墙件和横向斜撑。

4. 双排脚手架的施工

（1）双排脚手架的设计

双排脚手架搭设按立杆间距 0.8 m，横杆步距 1.3 m，连墙件 2 步 3 跨设一拉接，作业层铺设脚手板，并设 0.2 m 高挡板。作业层上活荷载不超过 2 kN/m^2。脚手架外侧立面两端各设一道剪刀撑，中间各道剪刀撑之间的净距不大于 15 m。安全通道口处设门洞，供施工人员进出。

（2）双排脚手架的搭设

①施工流程为：基底检查、放线定位→铺设垫板或垫块→立第一节立杆→安装扫地大横杆、小横杆→安装第二步大横杆、小横杆→安装第三步、第四步大横杆、小横杆→立杆接长（与安装大、小横杆交替进行逐步上升）→在操作层铺设脚手板，沿外排立杆设置栏杆→检查验收。

②搭设要点如下。

第一，脚手架的地基与基础必须符合地基与基础质量验收规范的要求。

第二，脚手架基础验收合格后，按设计放出定位线，将 3 cm 厚的垫木准确放在定位线上，并将底座准确放在定位线上。

第三，脚手架的搭设必须配合施工进度。

第四，脚手架设纵向和横向扫地杆，扫地杆与垫木的距离不大于 30 cm，并用直角扣件将扫地杆固定在立杆上。

第五，立杆接长时采用对接扣件连接，相邻立杆的对接接头不设置在同一步内。

第六，立杆必须用连墙件与建筑物可靠连接。

第七，纵向水平杆设置在立杆内侧，长度不小于 3 跨，纵向水平杆接长采用对接或搭接形式。若采用搭接形式，则搭接长度不小于 1 m，且用 3 个旋转扣件固定，端部扣件距搭接钢管端部不小于 10 cm。

第八，横向水平杆设置在主节点处，用直角扣件连接，靠墙一端外伸长度为 40 cm，且与墙面装饰面的距离不大于 10 cm。

第九，作业层上非主接点处的横向水平杆，根据支撑脚手板的需要等间距设置，最大间距不大于纵距的 1/2。

第十，剪刀撑设在脚手架外侧立面两端，中间各道剪刀撑之间的净距离不大于 15 m。剪刀撑接长采用搭接形式，搭接长度不小于 1 m，且用 3 个旋转扣件固定，端部扣件距搭接钢管端部不小于 10 cm。

第十一，作业层上满铺脚手板，可采用对接平铺或搭接铺设。

第十二，脚手架门洞采用上升斜杆，平行弦杆桁架结构形式，斜杆与地面呈 45°～60°交角。

（3）检查与验收

第一，在搭设脚手架前，对钢管和扣件进行检查。对新钢管和新扣件，检查其质量合格证、质量检验报告。

第二，对木脚手板，检验其宽度、厚度、材质以及腐朽问题，材质应为杉木或松木，两端用 4 mm 的镀锌钢丝箍两道。

第三，在搭设脚手架的过程中，随时检查立杆垂直度、横向水平杆高差、扣件、剪力撑、脚手板外伸长度等。其中安装后的扣件螺栓拧紧扭力矩用扭力扳手检查，采用随机取样的方法进行。

第四，在脚手架使用中，检查杆件、连墙件、支撑、门洞桁架等构造是否符合要求，基础是否积水，底座是否悬空，扣件螺栓是否松动，荷载是否超载。

第五，脚手架检查与验收分时分段进行。

5．满堂脚手架的施工

（1）满堂脚手架的设计

墙体、柱、梁板模板支架采用满堂脚手架，立杆横向间距为 0.9 m，跨距为 0.6 m。横杆纵横方向通长设置，步距为 1.2 m，纵向间距为 0.6 m，并按 6～10 m 的间距设置剪刀撑。

剪刀撑由地面至操作顶面连续设置，剪刀撑尽量安装在框架节点上，与地面的倾角为 45°～60°。剪刀撑采用与支架立杆规格相同的钢管，用旋转扣件与立杆扣接。当剪刀撑不能与立杆扣接时，就与该立杆相邻的水平杆扣接，扣接点与节点的距离应不大于 15 cm。每根剪刀撑钢管的长度不宜小于 6 m，扣接的立杆和水平杆数量不得小于 4 根。剪刀撑应采用搭接接长，搭接长度应大于 1 m，搭接处应等间距用 3 个旋转扣件扣紧，扣件边缘至杆端的距离应大于 0.1 m。

立杆顶部配置 KTC-45 顶托，顶托上为 2 根纵向ϕ48 mm×δ3.5 mm 钢管，顶托横向间距为 0.9 m。可调顶托撑丝杆与调节螺母啮合长度不得少于 6 扣，顶托螺杆插入立杆的长度不小于 15 cm，伸出立杆的长度不大于 30 cm 也不小于 10 cm。顶托钢板厚度不得小于 3 mm。

（2）满堂脚手架的搭设

①施工流程为：支架立杆位置放样→立杆、纵横向杆搭设并互相扣紧→装第二层及以上支架→加设剪刀撑→安装调节杆→安装顶托并按设计标高进行调整→安装纵向钢管、横向方木→铺设底模→支架预压→检查验收。

②操作要点如下。

第一，基础处理验收合格后，根据设计图纸按支架设计高度及基础标高对所需要的杆件数量及型号进行配置。支架搭设施工前应计算出各控制点的标高以指导施工，支架顶标高根据顶板下边缘形状放出控制点后，拉线控制。

第二，按设计间距在基础上弹线定位，将垫木准确地放置在位置线上。垫木的中心线与地面垂直，垫木与底板之间的空隙填塞密实。放置垫木后，按先立杆后横杆的顺序搭设。

第三，支架的搭设须严格按照《建筑施工扣件式钢管脚手架安全技术规范》（JGJ 130—2011）施工。

第四，支架搭设从一端向另一端或从跨中间向两端延伸。

第五，支架立杆在 1.8 m 高度内的垂直度偏差不得大于 5 mm；支架全高的垂直度偏差应小于支架高度的 1/600，且不得大于 35 mm。

第六，安装水平杆时，应控制直线度和水平度。

第七，剪刀撑、交叉支撑等加固件应与立杆和水平杆等同步安装，扣件、锁臂等应安装齐全并及时拧紧。

第八，在各层支架的安装过程中，应及时校正杆间距、垂直度、纵横向直线度和水平杆水平度等，避免误差累积导致支架搭设质量不合格。

第九，支架在搭设、使用过程中，必须设置脚手板。支架搭设完毕，应对其平面位置、顶部标高、节点连接及纵横向稳定性进行检查，经检验合格后方可安装模板。

（3）预压

①预压目的。为了保证工程在满堂脚手架上的施工安全，在支架搭设完成后，应进行支架预压，以检验支架各部分的承载能力及受力变形情况，对支架的承载安全性进行综合评价。同时预压还可消除支架的非弹性变形，测量支架的弹性变形，为立模标高的设置提供参考依据。

②预压方法。支架预压荷载为混凝土结构恒载和各项施工荷载之和的120%。支架预压分为 3 级加载，依次为预压值的 40%、80%、120%。预压采用袋装砂土，加载的顺序尽量接近于浇筑混凝土的顺序，布载的荷载与混凝土重量相当。横向加载时从混凝土结构中心线向两侧对称布载。

在待堆载模板的每个测设断面上布设 3 个沉降观测点，分别位于沿结构宽度方向的 B/8、B/4、B/2 处的底模上。测设断面沿结构长度方向按每 2.0 m 间距布设。在堆载预压前，测设断面底模标高和支架底部标高。每级加载完成后，每间隔 8 h 对支架沉降量进行一次观测。当支架顶部监测点 8 h 的沉降量平均值小于 2 mm 时，再进行下一级加载。预压值加载至 120%后连续观测 2 天。连续 2 天的累计沉降值小于 3 mm 时方可卸载。卸载后，进行支架回弹观测，最后计算出各点弹性变形和非弹性变形的最大值。

在观测过程中如发现局部位置和支架变形过大现象，应立即停止加载并卸载，及时查找原因，采取补救措施。

③加载、卸载注意事项。

第一，只有在整个支架全面检查验收合格后方能进行加载工作。

第二，对各个压重荷载必须认真称量、计算和记录，由专人负责。

第三，所有压重荷载应提前准备至方便起吊运输的地方。

第四，加载应从拱圈底向拱圈顶对称进行。

第五，在加载过程中要求详细记录加载时间、吨位及位置，测量组做现场跟踪观测。发现异常情况应立即停止加载，及时分析，采取补救措施。如果实测值与理论值相差太大，应分析原因后再确定下一步方案。

第六，在加载全过程中，要统一组织，统一指挥，有专业技术人员及负责人在现场协调。

第七，根据测量结果在支架变形稳定后才能开始卸载，卸载应从箱梁两边向中间分层进行。

第八，卸载支架后，应对底模表面进行清理，并根据加载后支架沉降量，调整底模标高。

（4）检查与验收

满堂支架的检查与验收主要包含以下四个阶段。

第一，首段安装完成时，应进行检查与验收。

第二，架体随施工进度升高应按结构层进行检查。

第三，遇 6 级及以上大风、大雨、大雪后，施工前应检查。

第四，停工超过一个月恢复使用前应检查。

构配件的检查与验收内容如下。

第一，主要构配件应有产品标识及产品质量合格证。

第二，供应商应配套提供钢管、零件、铸件、冲压件等材质、产品的性能检验报告。

第三，构配件进场应重点检查钢管壁厚、焊接质量、外观质量、可调底座和可调托撑的材质、丝杆直径及其与螺母配合间隙等。

6. 脚手架安全通道

脚手架安全通道采用一字型斜道，转角处设置 1～2 m 宽的平台，如图 2-64（a）所示。斜道坡比为 1:3，斜道两侧及平台外围设置栏杆及挡脚板，栏杆高度为 1.2 m。

在斜道上铺设脚手板时应符合下列规定。

（1）脚手板横铺时，在横向水平杆下增设纵向支托杆，如图 2-64（b）所示，纵向支托杆间距不大于 50 cm。

（2）脚手板顺铺时，接头采用搭接，板头的凸棱处采用三角木填顺。

（3）脚手板上每隔 20～30 cm 设置一根防滑木条，厚度约 2 cm。

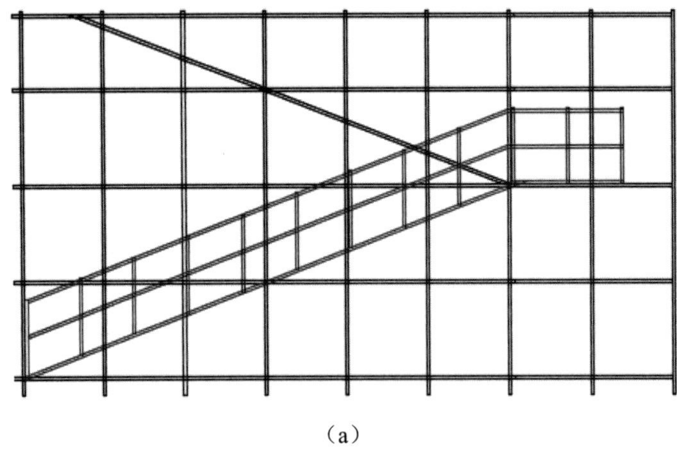

（a）

图 2-64　安全通道示意图

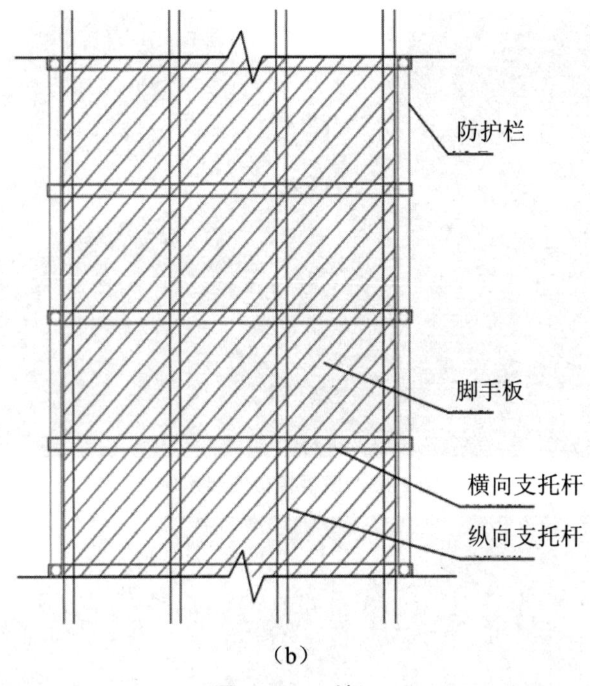

（b）

图 2-64　（续）

（六）模板安装

1．模板选择

根据工程特点可选用 1.5 cm 厚木模板，管廊 45°折角部位、框架柱采用定型木模板，其他均采用高强复合竹胶板清水砼模板体系；主要采用人工安装。模板竖向内楞采用ϕ48 mm×δ3.5 mm 钢管，水平外楞采用ϕ48 mm×δ3.5 mm 双钢管，采用ϕ14 mm 拉筋拉结，卡扣紧固，拉筋纵向间距为 0.8 m。

2．底板模板施工（如图 2-65 所示）

（1）底板模板采用高强复合竹胶板清水砼模板体系。

（2）底板腋角部位采用竹胶板拼装成倒角，并用钉子固定在方木上。

（3）底板模板采用方木和ϕ14 mm 拉筋作为支撑体系，内楞用方木横向布置，外楞用 40 cm 长 U 形ϕ25 mm 钢筋，横向间距为 150 cm，局部加密为 100 cm。

3．侧墙模板施工（如图 2-66 所示）

（1）侧墙模板采用高强复合竹胶板清水砼模板体系。

（2）侧墙内、外模板之间设 ϕ14 mm@600 mm×600 mm 的对拉螺栓连接，以保证内外模板的整体稳定性。

图 2-65　底板模板安装示例

图 2-66　侧墙模板安装示例

（3）侧墙模板采用钢管作为支撑体系，内楞用ϕ48 mm×δ3.5 mm 的钢管竖向布置，间距为 150 mm，外楞用 2 根ϕ48 mm×δ3.5 mm 钢管，横向间距为 600 mm，局部加密为 400 mm。

4．框架柱模板施工

（1）施工流程为：找平、定位→组装柱模→安装柱箍→安装斜撑→校正垂直度→柱模预检→浇筑砼→柱模拆除。

（2）框架柱采用定型木模板。

（3）框架柱模板采用钢管作为支撑体系，外楞用 2 根ϕ48 mm×δ3.5 mm 钢管，间距为 600 mm。

（4）对成排的柱子模板，用拉通线控制模板位置。柱距不大的，相互间设剪刀撑和水平撑搭牢；柱距较大的，在各柱四面单独加斜撑，保证柱子位置正确。

（5）柱高每 2 m 留设门子板，便于柱砼浇筑。柱模下留设垃圾清扫口，浇筑砼前封闭。

（6）梁、柱接头顶面，在浇梁、板砼时，柱处设 50 mm×50 mm 木枋定位小方盘，保证柱位置准确，不移位。

（7）柱砼达一定强度后可拆除模板，但柱顶段模板暂不拆除，以利于与上部模板更好地接茬。

5．梁、板模板施工

（1）施工流程为：搭设满堂脚手架（支模架）→梁底模安装→梁侧模和板底模安装→板侧模安装→砼浇筑→模板拆除。

（2）梁、板模板采用高强的支撑复合竹胶板清水砼模板体系。

（3）梁、板模板采用满堂脚手架作为支撑体系，并按脚手架工程的要求进行搭拆。

（4）现浇梁、板跨中按 3/1000 跨长起拱支模。

（5）现浇梁、板砼强度达到设计强度后方可拆除梁、板的模板。

（6）悬臂梁砼强度达到设计强度后方可拆梁模板。

（7）现浇梁、板模板拆除时，先拆松板底模的支撑、板底模和梁侧模；再拆松梁底模支撑、梁底模。满堂脚手架从上至下依次拆除。

（七）混凝土施工

1．混凝土分层分段

混凝土浇筑的施工流程为：垫层混凝土→主体结构混凝土→人行检修通道混凝土→隔断混凝土→支墩混凝土。

检修通道每隔 50 m 断开一次，确保通道两侧排水沟连通，通道宽 120 cm。隔断高 0.1 m，宽 0.3 m，长 1.6 m，C20 混凝土结构。若集水坑处于最低点，则不设隔断。

根据管廊走向、节点结构及变形缝设置要求，混凝土浇筑分段平均长度约 20 m。施工时几个工作面同时作业，采用跳仓法浇筑，仓内采用斜层铺筑法浇筑。

2．混凝土运输及入仓方式

本工程采用外购商品混凝土，12 t 混凝土罐车从商品混凝土站运至施工现场，内部运输采用混凝土泵车从混凝土罐车泵至浇筑工作面，人行检修通道、隔断及支墩混凝土采用地泵入仓浇筑。

3．混凝土浇筑

混凝土浇筑采用连续浇筑，浇筑时间不超过混凝土初凝时间。分层下料、分层振捣，每层浇筑厚度不超过 30 cm，两侧边墙及中隔墩浇筑高差不得大于 50 cm。

采用混凝土泵车浇筑时，泵车在沟槽顶部操作平台上作业（如图 2-67 所示）。为避免混凝土浇筑时对沟槽边坡稳定性产生过大影响，确保沟槽稳定性，防止坍塌滑坡等的发生，操作平台采用 80 cm 厚砂砾石基础，加 30 cm 厚 C30 混凝土面层硬化处理。操作平台距沟槽边缘距离大于等于 3 m，顶宽 8 m，长 6 m。根据混凝土泵车的作业半径，拟在沟槽两侧顶部各设 10 个操作平台，操作平台间距约为 100 m。

图 2-67　混凝土入仓示例

入仓混凝土采用 ZN50 软轴插入式振捣棒与平板振捣器联合振捣，局部辅以人工捣固，混凝土浇筑完成后及时进行人工收面（如图 2-68 所示）。浇筑混凝土前，应将金属结构及电气等预埋件按设计图纸预先埋设牢固，防止混凝土浇筑时松动；同时按设计图纸要求事先预留出空洞位置，不得事后敲凿。

4．施工缝处理

按混凝土硬化程度，采用凿毛、冲毛或刷毛等方法，清除老混凝土表层的水泥浆薄膜和松弱层，并冲洗干净，排除积水。混凝土强度达到 2.5 MPa 后方可进行上层混凝土的浇筑准备工作。临浇筑前，水平缝铺一层 2 cm 厚的同标号水泥砂浆，垂直缝刷一层水泥净浆。

图 2-68　人工收面示例

5．养护

混凝土浇筑完成后，在收浆后及时覆盖毛毡布和进行洒水养护，养护时间不得少于 28 天，同时派专人做好养护记录。覆盖毛毡布时不得损伤或污染混凝土表面。为防止风吹扰动影响养护效果，毛毡布四周均采用沙袋压稳。

6．拆模

在混凝土强度能保证其表面及棱角不会因拆模而受到损坏时方可拆除模板（一般在混凝土抗压强度达到 2.5 MPa 时拆除）。模板拆除按先支后拆、后支先拆的原则进行，主要采用人工拆除。

（八）特殊结构施工

1．通风口

通风口纵向结构为风井+人孔+风井（如图 2-69 所示），风井顶部覆盖通风格栅，对应风井部位的管廊顶板上预留ϕ70 cm 风孔 4 个；人井顶部设机械检修孔及人行检修孔各 1 个，检修孔顶部覆盖 C30 混凝土井盖，对应人井部位的管廊顶板上预留ϕ100 cm 人孔 4 个，人孔顶部覆盖翻转铁盖板。在人井内设置定制钢爬梯作为进入通风口的风室的通道。施工过程中注意按照设计图纸进行孔洞预留，人孔、风孔补强钢筋与主筋平面的夹角为 45°，并与主筋焊接。

通风口施工流程为：钢筋安装→预埋件安装→模板安装→混凝土浇筑→金属结构（钢爬梯、防火门）安装→格栅、盖板安装→回填。

图 2-69　通风口样式示例

2．投料口

投料口由下料口、人孔组成，各设 1 座定制钢爬梯作为进出通道，纵向两端在主体结构顶板设置一组承重地锚。下料口顶部覆盖 10 cm 厚预制 C30 混凝土盖板，人孔顶部覆盖综合管廊专用井盖。施工过程中注意按照设计图纸进行孔洞预留，井孔补强钢筋与主筋平面夹角为 45°，并与主筋焊接。如图 2-70 所示为投料口样式示例。

投料口施工流程为：钢筋安装→预埋件安装→模板安装→混凝土浇筑→金属结构（钢爬梯、不锈钢栏杆）安装→盖板安装→回填。

图 2-70　投料口样式示例

3．出线井

出线井为钢筋混凝土结构，施工过程中注意孔洞预留。为防止地下水在主体预埋处渗水，给水管、再生水管在出线井穿墙位置根据管径预埋防水套管（如图 2-71 所示），电力线、通信线在穿墙位置预埋防水密封组件，在每根管线接入处根据管径预埋防水套管。施工时将预埋管向主体外倾斜，防止水倒灌。为固定出线管，在出线管中线对应顶板位置设置一对预埋铁件。出线井防水、两侧直墙电缆预埋件与管廊主体结构一致。

出线井施工流程为：钢筋安装→预埋件安装→模板安装→混凝土浇筑→回填。

图 2-71　防水套管预埋示例

4．集水坑

集水坑为 10 cm 厚的 C20 混凝土垫层和 40 cm 厚的 C40（P8）钢筋混凝土直墙结构，顶部覆盖钢格栅盖板。管廊 2 舱内的积水通过预埋的 DN150 钢管引至管廊 1 舱集水坑内，由集水坑内设置的水泵抽排至附近的雨水检查井内。排水钢管及管件采用法兰或焊接，预埋前进行内外防腐处理，管道穿墙板按相关设计要求采用钢管带防水翼环的做法进行施工。

集水坑施工流程为：钢筋安装→预埋件（DN150 钢管）安装→模板安装→混凝土浇筑→钢格栅盖板安装。

5．交叉口

交叉口为由构造柱、现浇板、框架柱、框架梁、悬挑梁、侧墙组成的双层框架结构（如图 2-72 所示），一二层之间设爬梯作为连接通道。交叉口设置有 T 形口通风孔、通信交叉孔、电力交叉孔等结构，开孔四周做加强处理，孔边设置防护栏杆，孔内设置检修爬梯。

交叉口管廊的施工流程为：基础处理→垫层施工→底板防水施工→底板钢筋安装→底板模板安装→底板混凝土浇筑→一层满堂支架搭设→一层墙身钢筋安装→一层柱钢筋安装→一层柱模板安装→一层柱混凝土浇筑→一层墙身模板

安装→中板模板安装→一层墙身、中板混凝土浇筑→二层满堂支架搭设→二层墙身钢筋安装→二层柱钢筋安装→二层柱模板安装→二层柱混凝土浇筑→二层墙身模板安装→顶板模板安装→二层墙身、顶板混凝土浇筑→墙、顶板防水施工→回填。

图 2-72　交叉口示例

十一、综合管廊防水结构施工

（一）技术要求

综合管廊防水结构分布一般为：底板为防水卷材+ 4 cm C20 细石混凝土保护层。

（1）底板防水结构：1.5 mm 厚压敏反应型自粘高分子防水卷材+ 4 cm 厚 C20 细石砼。

（2）侧墙及顶板防水结构：1.5 mm 厚压敏反应型自粘高分子防水卷材 $+\phi 1$ mm@10 mm×10 mm 铁丝网+3 cm 厚 M10 砂浆。

（3）防水卷材技术指标：满足《预铺防水卷材》（GB/T 23457—2017）相关要求，拉力≥200 N/50 mm（纵横向），最大拉力时延伸率≥150%（纵横向），撕裂强度≥25 N；压力 0.3 MPa、保持时间 120 min，不透水。

（4）防水卷材搭接宽度 80 mm。

（5）检查防水卷材的出厂合格证及检验报告，再现场取样送往第三方检测机构检测，合格后方可使用。

（二）施工流程

综合管廊防水结构施工流程如图 2-73 所示。

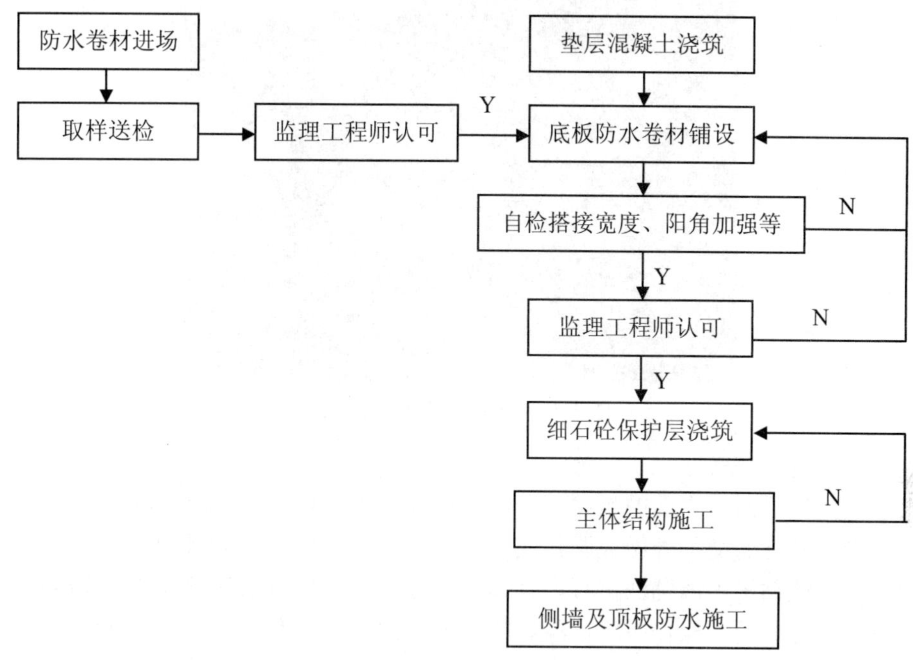

图 2-73　综合管廊防水结构施工流程图

（三）防水卷材铺设

防水卷材铺设一般采用湿铺法，施工流程为：施工准备→基层处理→弹线试铺→阳角加强→铺贴卷材→排气压实→搭接边压实和密封→检查验收。

1．基层处理

采用空压机、小平铲、笤帚等清理基础面，将突出基层表面的异物、砂浆等铲除，并将尘土杂物清除干净，保证基础面坚实、平整、清洁、无积水。

基面清理干净验收合格后，采用水泥净浆均匀涂刷在基层表面，涂刷时按一个方向进行，要求厚薄均匀（如图 2-74 所示）。

2．弹线试铺

在涂好水泥净浆的基层上按实际搭接面积弹出粘贴控制线，试铺及实际铺贴卷材均须严格按粘贴控制线进行，以确保卷材搭接宽度在 80～100 mm（卷材上有标志）。根据现场特点，确定弹线密度，以确保卷材粘贴顺直，不会因累积误差而出现粘贴歪斜的现象。卷材应先试铺就位，按需要形状正确剪裁后，方可开始实际铺贴。

图 2-74　基层涂抹水泥浆示例

3．卷材铺贴

按照先平面后立面的顺序铺贴，卷材长边采用自粘边搭接，短边采用胶粘带搭接，平立面交界处做成圆弧或45°坡角，端部搭接区相互错开。

卷材铺贴采用滚铺法进行，具体操作方法为：将防水卷材按铺贴长度进行裁剪并卷好备用，操作时将已卷好的卷材用钢管穿入卷心，两人各持钢管一端抬至待铺位置的起始端，并将卷材展出约 50 cm。由第三人掀剥此部分卷材的隔离纸，将已去隔离纸的卷材对准弹好的粘贴控制线，先轻轻摆铺，再加以压实。起始端铺贴完成后，第三人缓缓掀剥隔离纸，并向前移动，抬着卷材的两人同时沿基准线向前滚铺卷材（如图 2-75 所示）。要求抬卷材的两人用力均匀、移动速度相同。

图 2-75　防水卷材铺贴示例

4．阳角加强

阳角部位按规范要求加铺一层卷材作为加强层，做成圆弧或 45°坡角，宽度为 50 cm。

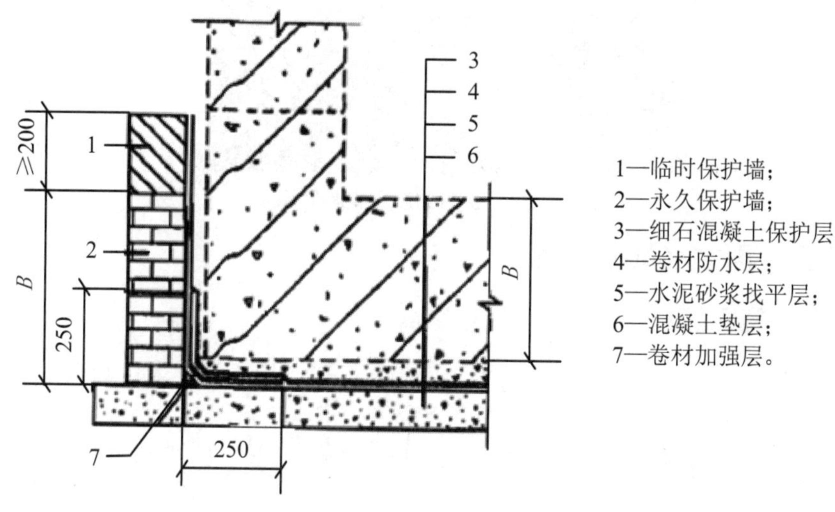

图 2-76　卷材加强层设置示意图

5．排气压实

采用压辊从卷材中部向两侧辊压，排除空气，使卷材牢固地粘贴在基层上。

6．搭接边压实和密封

卷材短边搭接处、收头位置、异型部位等采用密封膏密封。

（四）保护层施工

管廊底板 C20 细石砼保护层采用外购商品砼，均采用砼罐车运输至施工作业面后，采用汽车泵浇筑入仓，人工用平板振动器平整压实，并用铁抹子收面平整。

管廊侧墙及顶板 M10 砂浆保护层采用预拌砂浆，砂浆厚度为 3 cm，首先铺设 1 cm M10 砂浆，再铺设ϕ1 mm@10 mm×10 mm 铁丝网，最后再将 2 cm M10 砂浆用人工抹上。

如图 2-77 所示为 C20 细石砼施工作业现场图。

图 2-77　C20 细石砼施工作业现场图

十二、再生水管接头施工

（一）施工流程

再生水管一般采用 PE 管，接头采用热熔连接，施工流程为：材料准备→夹紧管材→切削管口→管道对中→热熔连接→冷却。

（二）施工方法

1. 材料准备

管道、管件应根据施工要求选用配套的等径弯头、异径弯头和三通等管件。热熔焊接宜采用同种牌号、材质的管件，对性能相似的不同牌号、材质的管件之间的焊接应先做试验。

2. 夹紧管材

用干净的布清除两管端部的污物。将管材置于机架卡瓦内，根据所焊制的管件更换基本夹具，选择合适的卡瓦，使对接两端伸出的长度大致相等且在满足铣削和加热要求的情况下应尽可能缩短。管材在机架以外的部分用支撑架托起，使管材轴线与机架中心线处于同一高度，然后用卡瓦紧固好（如图 2-78 所示）。

图 2-78　夹紧管材示例

3．切削管口

将管材置入铣刀，先打开铣刀电源开关，然后缓慢合拢两管材焊接端，并加以适当的压力，直到两端面均有连续的切屑出现，撤掉压力，稍等片刻，再退出活动架。切屑厚度应为 0.5～1.0 mm，确保切削所焊管段端面的杂质和氧化层，保证两对接端面平整、光洁。如图 2-79 所示为切削示例。

图 2-79　切削示例

4．管道对中

管道对中时，两对焊管段的错边应越小越好，如果错边大，会导致应力集中，错边不应超过壁厚的 10%。如图 2-80 所示为管道对中示例。

图 2-80　管道对中示例

5．加热与熔融对接

将加热板加热 5～10 分钟，当温度达到 200 ℃后，放入机架，施加压力，直到两边最小卷边达到规定宽度时将压力减小到规定值。将管端面与加热板刚好保持接触，进行吸热。吸热时间满足后，退开活动架，迅速取出加热板，然后合拢两管端。保证有足够熔融料，以备熔融对接时分子相互扩散。从加热结束到熔融对接开始这段时间为切换周期。为保证熔融对接质量，切换周期应越短越好。熔融对接是焊接的关键，对接过程应始终在熔融压力之下进行。

如图 2-81、图 2-82 所示分别为加热、熔融对接示例。

图 2-81　加热示例

图 2-82　熔融对接示例

6．冷却

由于塑料材料的导热性差，冷却速度相应缓慢。焊缝材料的收缩、结构的形成过程在长时间内以缓慢的速度进行。熔融对接完成后，保持压力不变，大约 45 分钟后取出管材。

第四节　尾工阶段技术管理

一、竣工图绘制

竣工图是工程竣工验收后真实反映建设工程项目施工结果的图样，工程建设完成后的主要凭证性材料，建筑物、构筑物的真实写照，也是工程竣工验收的必备条件，工程维修、管理、改建、扩建的依据。

（一）竣工图绘制依据

一般而言，竣工图绘制依据有：

（1）合同文件；

（2）设计图纸、设计变更图纸；

（3）地勘报告；

（4）图纸会审；

（5）相关会议纪要；

（6）现行规程规范、技术标准等。

（二）竣工图内容

竣工图应包括与施工图相对应的全部图纸及根据竣工情况需要补充的图纸。竣工图的类型包括：

（1）重新绘制的竣工图；

（2）在二底图（底图）上修改的竣工图；

（3）利用施工图改绘的竣工图。

（三）竣工图的基本要求

（1）竣工图应按单位工程进行整理。

（2）竣工图必须加盖竣工图章或绘制竣工图签，竣工图签用于绘制的竣工图，图章用于施工图改绘的竣工图或二底图改绘的竣工图。

（3）图纸签名除包含图纸章上的内容外，还应包括工程名称、图名、图号以及工程编号等信息。

（4）所有与施工图不相符的现场情况都必须在图纸上清晰、准确地做出修正。在图纸会审、设计确认阶段进行的修改，工程洽商或设计变更的内容，以及施工过程中建设单位和施工单位协商一致后的修改内容等都必须如实地绘制在竣工图上。

（5）专业竣工图必须包括各个部位、各个专业深化设计的相关内容，不得遗漏或重复。

（6）凡结构形式改变、工艺改变、平面布置改变、项目改变以及其他重大改变的图纸，或者在一张图纸上改动部位超过 1/3，修改后图面混乱、分辨不清的图纸均应重新绘制。

（7）管线竣工测量资料的测点编号、数据及反映的工程内容均要编绘在竣工图上。

（8）编绘竣工图必须采用不褪色的黑色绘图墨水。

（四）重新绘制的竣工图的编制

（1）重新绘制时，要求原图内容完整无误，修改内容也必须准确、真实地反映在竣工图上。绘制竣工图要按制图规定和要求进行，必须参照原施工图和该专业的统一图示，并在底图的右下角绘制竣工图签。

（2）各种专业工程的总平面位置图的比例尺一般采用 1:500～1:10 000。管线平面图的比例尺一般采用 1:500～1:2000。要以地形图为依托，摘要地形地物、标准坐标数据。

（3）改建、扩建及废弃管线工程在平面图上的表示方法如下。

①在进行改建、扩建管线工程时，需要清楚地标示原有管线的走向、使用的管材和管径。这可以通过添加符号或文字说明的方式来表示。

②对于因为新建管线而废弃的管线，无论是移出埋设现场还是保留在原地，都需要在平面图上进行说明。同时需要注明废弃管线的起点、终点坐标等信息。

③当新旧管线需要连接时，需要明确标示连接点的位置（桩号）、高程和坐标等信息。这样可以确保连接的准确性和稳定性。

（4）竣工测量的测点编号、数据及反映的工程内容（设备点、折点、变径点、变坡点等）应与竣工图对应一致，并绘制检查井、小室、人孔、管件、进出口、预留管（口）位置、与沿线其他管线和设施的交叉点等。

（5）竣工图可以重绘整套图纸，也可以重绘部分图纸或某几张图纸。

（五）在二底图（底图）上修改的竣工图

在用施工蓝图或设计底图复制的二底图[①]或原底图上，将设计变更的修改内容进行标准，将修改后的二底图晒制的蓝图作为竣工图是一种常用的竣工图绘制方法。

（1）修改的内容必须与设计变更的内容保持一致，需要简要注明修改的部位和基本内容。负责实施修改的人员需要在图纸上签字并注明修改日期。

（2）对二底图（底图）上的修改采用刮改方式，已经无用的文字、数字、符号、线段需要刮掉，而新增的内容则须准确地绘制在图上。

（3）将修改后的二底图（底图）晒制成蓝图作为竣工图时，需要在蓝图上加盖竣工图章。

（4）如果二底图（底图）上的修改次数较多，个别图面出现模糊不清等质量问题，需要进行技术处理或重新绘制，以确保图面整洁、字迹清晰。

（六）利用施工图改绘的竣工图

1．改绘竣工图的方法

具体的改绘方法可视图面、改动范围和位置、繁简程度等实际情况而定。常用的改绘方法有杠改法、叉改法、补绘法、补图法和加写说明法。

（1）杠改法

杠改法是指在施工蓝图上将取消或修改前的数字、文字、符号等内容用一横杠杠掉（不是涂改掉），在适当的位置补上修改的内容，并用带箭头的引出线标注修改依据，即“见××年××月××日洽商×条”或“见×号洽商×条”（如图 2-83 所示）。这种方法一般用于数字、文字、符号的改变或取消。

（2）叉改法

叉改法是指在施工蓝图上将需去掉和修改的内容打叉表示取消，在实际位置补绘修改后的内容，并用带箭头的引出线标注修改依据（如图 2-84 所示）。这种方法用于线段图形、图表的改变或取消。

① 底图一般用硫酸纸。

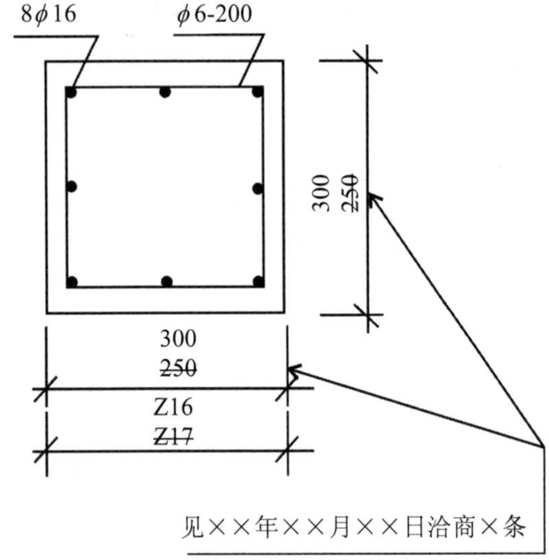

图 2-83　图上杠改示例

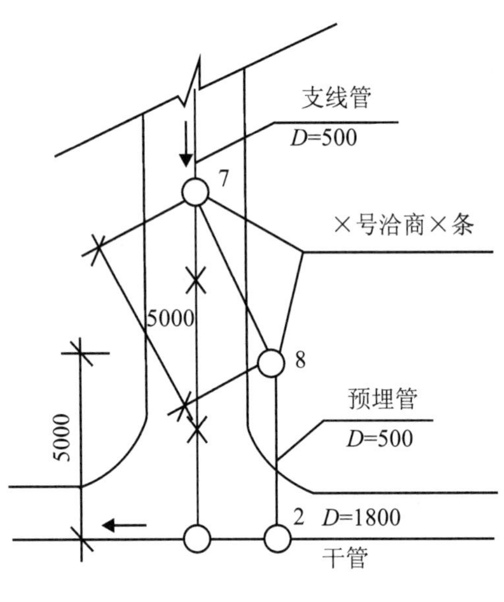

图 2-84　图上叉改示例

（3）补绘法

补绘法是指在施工蓝图上将增加的内容按实际位置绘出，或者某一修改后的内容在图纸的大样图上修改，并用带箭头的引出线在应修改部分和绘制的大样图处标注修改依据（如图 2-85 所示）。这种方法适用于设计增加的内容、设计时遗漏的内容、在原修改部位修改有困难需另绘大样修改的内容。

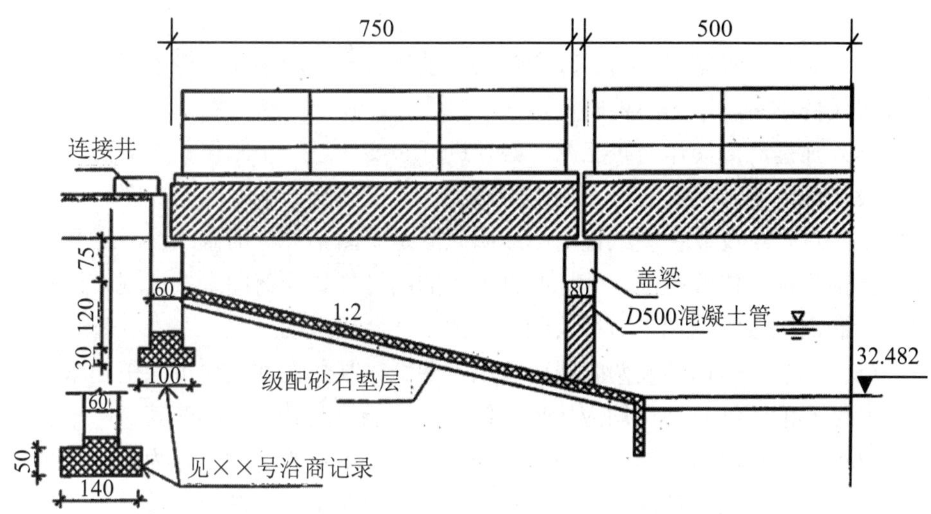

图 2-85　在图纸空白位置补绘大样图

（4）补图法

当某一修改内容在原图无空白处修改时，采用把应改绘的部位绘制成补图，补在本专业图纸之后，这种方法就是补图法。具体做法是在应修改的部位注明修改范围和修改依据，在补图上绘图签，标明图名、图号、工程号等内容，并在说明中注明是某图某部位的补图，以及写清楚修改依据。这种方法一般适用于难以在原修改部位修改和本图又无空白处时某一剖面图大样图或改动较大范围的修改。

（5）加写说明法

凡工程洽商、设计变更的内容应当在竣工图上修改的，均应用作图的方法改绘在蓝图上，一律不再加写说明。如果修改后的图纸仍然有些内容没有表示清楚，可用精练的语言适当说明。加写说明法一般适用于说明类型的修改、修改依据的标注等。

2．改绘竣工图应注意的问题

（1）原施工图纸目录必须加盖竣工图章，作为竣工图归档，凡有作废的图纸、补充的图纸、增加的图纸、修改的图纸，均要在原施工图目录上标注清楚，即作废的图纸在目录上杠掉，补充、增加的图纸在目录上列出图名、图号。

（2）按施工图施工而没有任何变更的图纸，在原施工图上加盖竣工图章，作为竣工图。

（3）如某一张施工图由于改变较大，设计单位重新绘制了修改图的，应以修改图代替原图，原图不再归档。

（4）凡是洽商图作为竣工图，必须进行必要的进一步制作。如洽商图是按正规设计图纸要求绘制的可直接作为竣工图，但须统一编写图名、图号，并加盖竣工图章。不仅要在图纸说明中注明此图是某图某部位的修改图，还要在原图修改部位标注修改范围，并标明见补图的图号。如洽商图未按正规设计图纸要求绘制，应按制图规定另行绘制竣工图，其余要求同上。

（5）若某一洽商涉及两张或两张以上图纸，某一局部变化可能引起系统变化，凡涉及的图纸及部位均应按规定修改，不能只改其一，不改其二。

（6）不允许将洽商的附图原封不动地贴在或附在竣工图上作为修改。凡修改的内容均应改绘在蓝图上或用作补图的办法附在本专业图纸之后。

（7）某一张图纸，根据规定的要求，需要重新绘制竣工图时，应按绘制竣工图的要求制图。

（8）修改时，字、线、墨水使用的规定。

字：采用仿宋字，字体的大小要与原图采用字体的大小相协调，严禁错、别、草字。

线：一律使用绘图工具，不得徒手绘制。

墨水：使用黑色墨水，严禁用圆珠笔、铅笔和非黑色墨水。

（9）改绘用图的规定：改绘竣工图所用的施工蓝图一律为新图，图纸反差要明显，以适应缩微、计算机输入等技术要求。旧图、反差不好的图纸不得作为改绘用图。

（10）修改方法的规定：施工蓝图的改绘不得用刀刮、补贴等办法，修改后的竣工图不得有污染、涂抹、覆盖等现象。

（11）修改内容和有关说明均不得超过原图框。

（七）竣工图章（签）

（1）竣工图章应具有明显的“竣工图”字样，并包括施工单位名称、编制人、审核人、技术负责人和编制日期等项目内容；在竣工图章上还应有监理单位名称、总监理工程师、现场监理工程师等项目内容；应按规定的格式与大小制作竣工图章。竣工图签也可以参照竣工图章的内容进行绘制，但要增加工程名称、图名、图号及注意保留原施工图工程号、原图编号等项目内容。如图 2-86 所示为竣工图章示例。

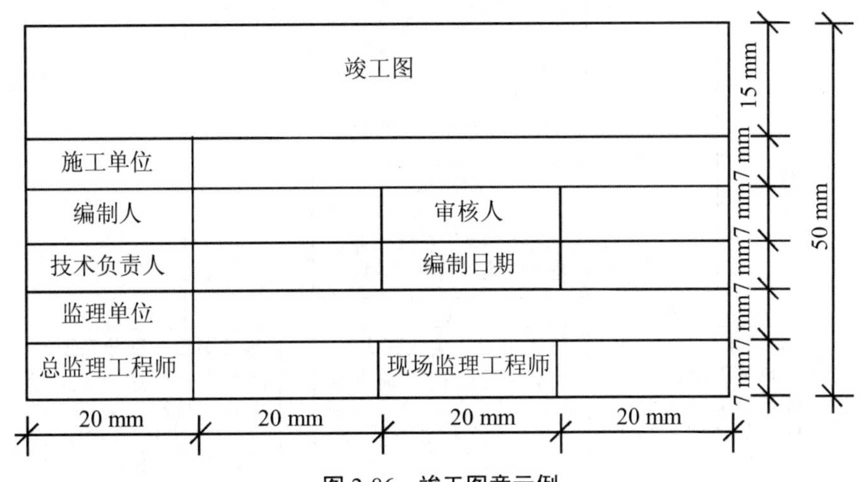

图 2-86 竣工图章示例

（2）竣工图章（签）的位置。

①重新绘制的竣工图应绘制竣工图签，位置在图纸右下角。

②用施工图改绘的竣工图，将竣工图章加盖在原图签右上方。如果此处有内容，可在原图签附近空白处加盖。如果原图签周围均有内容，可找一内容比较少的位置加盖。

③用底图修改的竣工图，应将竣工图章盖在原图签右上方。

（3）竣工图章（签）是竣工图的标志和依据，要按规定填写图章（签）上各项内容。加盖竣工图章（签）后，原施工图转化为竣工图，竣工图的编制单位、制图人、审核人、技术负责人以及监理单位要对本竣工图负责。

（4）原施工蓝图的封面、图纸目录须加盖竣工图章，作为竣工图归档，并置于各专业图纸之前。重新绘制的竣工图的封面、图纸目录，不必绘制竣工图签。

二、竣工测量

（一）竣工测量流程

竣工测量流程如图 2-87 所示。

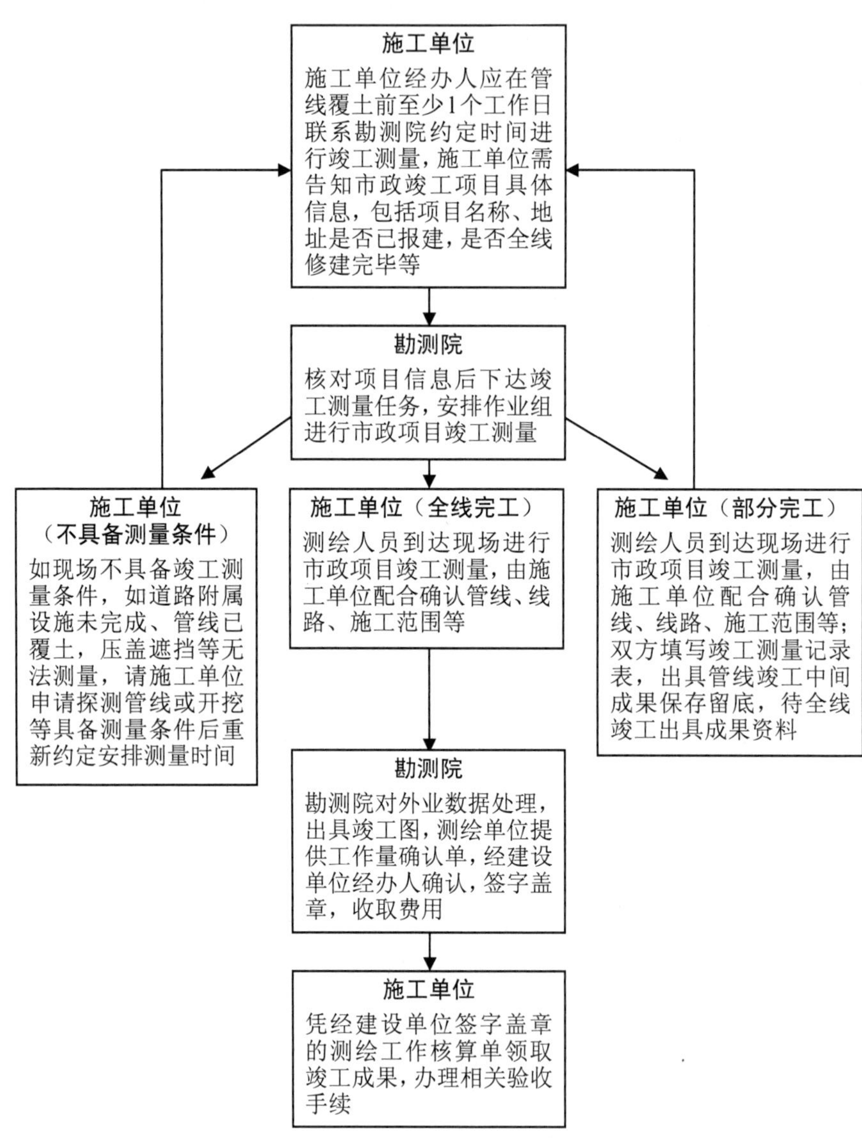

图 2-87　竣工测量流程图

（二）管线必须查明和登记的项目

管线必须查明和登记的项目见表 2-4 所列。

表 2-4　管线必须查明和登记的项目

管线种类	地面建筑物构	管线点		量注项目	测注高程位置
		特征点	附属物		
给水	水源井、净化池、泵站、水塔、水池、取水构筑物	弯头、三通、四通、变径、变材、管帽、预留口、直线点、非普查区去向	阀门井、水表井、消防井、阀门、消火栓、水表、排气井、检修井、排沙井、出水口、测流井、排气阀门井	管径、材质、埋深、井底深	管顶及地面高程
排水	暗沟、地面出口、出口闸	起点、进水口、出水口、交叉口、转折点、三通、四通、多通、变径、预留口、直线点、倒洪、非普查区去向	污水井、雨水井、雨水箅、化粪池、泵站、连接暗井、阀门、阀门井、排气井、排泥井	管径（断面尺寸）、流向、埋深、材质、井底深	管底、方沟底及地面高程
电力	变电站、变电室、配电房、高压线塔杆	转折点、分支、多分支、上杆、预留口、自线点、非普查区去向	检修井、接线箱、控制柜、通风井、井边点、变压器、砼杆、π杆（门型电杆）、铁杆、铁塔、排水井、抽水泵站、变电箱、环网柜	断面尺寸、材质、电缆根数、电压、埋深、总孔数/已用孔数、井底深、线路名称	直埋缆顶、管（块）顶、沟底及地面高程
通信	控制室、差转台、发射塔、放大器、槽道	转折点、分支、多分支、预留口、自线点、非普查区去向	人孔、手孔、接线箱、电话亭、井边点	断面尺寸、材质、埋深、井底深、总孔数/已用孔数	直埋缆顶、管（块）顶、沟底及地面高程
燃气	调压站、储气柜	弯头、三通、四通、变径、变材、管帽、预留口、直线点、非普查区去向	凝水缸、阀门、检修井、调压箱、阀门井、测试桩、阴极阳极包、加压站	管径（断面尺寸）、埋深、材质、井底深、压力	管顶及地面高程

（续表）

管线种类	地面建筑物构	管线点		量注项目	测注高程位置
		特征点	附属物		
工业管道	锅炉房、动力站、冷却塔	弯头、三通、四通、变径、变材、管帽、预留口、直线点、非普查区去向	排液、排污装置、检修井、阀门	管径、埋深、材质、井底深、压力	管顶及地面高程
热力	锅炉房、泵站	弯头、三通、四通、变径、变材、管帽、预留口、直线点、非普查区去向	检修井、阀门	管径、埋深、材质、井底深	管顶、架空管底及地面高程
综合管廊	—	起点、转折点	逃生孔、投料口、通风口	断面尺寸	管顶及地面高程

第三章

项目质量管理

工程项目质量管理是指在工程施工阶段通过确立质量方针和目标，实施质量策划、质量控制、质量保证和质量改进等一系列措施来确保工程实体质量满足设计及规范要求的活动。在工程开工前期应办理质量监督备案手续，以确保工程建设依法合规；在开工准备阶段建立健全质量管理体系，在施工过程中加强质量控制，以确保工程实体质量符合设计及规范要求；竣工阶段及时进行完工验收，使工程早日投入使用。

第一节　报建手续办理

一、报建办理流程

在接到中标通知书至项目正式开工前，应完善报建手续，其办理流程可参考图 3-1。

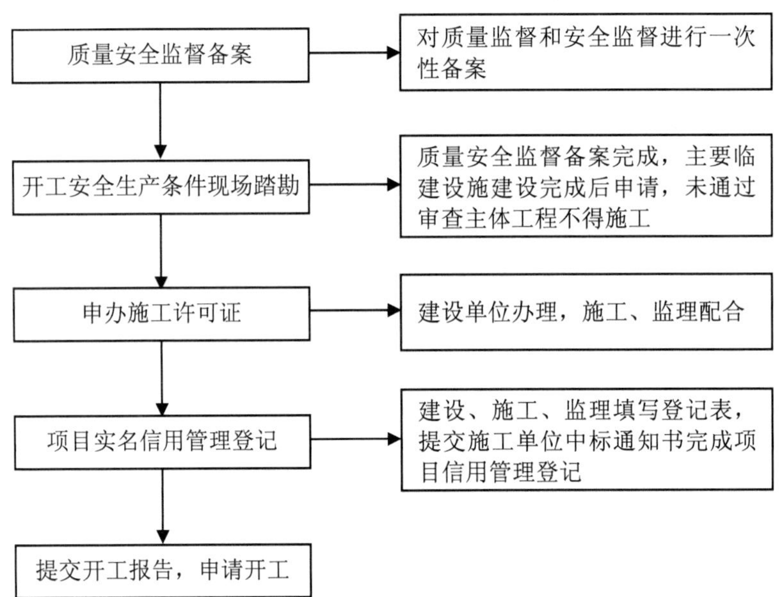

图 3-1　某市政工程开工手续办理流程图

二、质量监督备案

（一）办理程序

第一步：填写建设工程质量监督备案表，一式四份，建设、施工、监理单位加盖公章。

第二步：持建设工程质量监督备案表到政务服务中心规划建设窗口办理质量监督备案。

（二）注意事项

（1）建设工程质量监督备案表中填写的质量管理人员必须取得省住建厅要求的相应资格证书。

（2）法定代表人授权书、五方主体项目负责人质量终身责任承诺书应在项目开工前授权签字完成。授权签字完成后，填写质量体系审查表，建设、施工、监理、勘察、设计、检测等单位在质量体系审查表上应加盖公章。

三、施工许可证申领

（一）申请要件

（1）市政工程施工许可申请表（身份证明文件及委托函）。

（2）用地手续（国土证或出让合同）。

（3）建设工程规划许可证及附件（总平图）。

（4）施工图审查合格书。

（5）中标收讫通知书（国家投资项目提供）（原件）、中标通知书（原件）、项目经理建造师证书和施工单位安全生产许可证（副本）。

（6）总监任命书（原件）及总监理工程师岗位证书。

（7）银行出具的资金到位证明。

（8）建设和施工单位民工工资保证金、担保函、民工工资支付专用账户开立证明、无拖欠民工工资和工程款的承诺、综合社保预缴纳承诺书（建设单位、施工单位出具）。

（9）环境影响评估批复。

（10）工伤保险。

（11）合同备案表。

（12）开工安全生产条件现场勘验表。

（二）注意事项

（1）施工许可证由建设单位办理，施工单位和监理单位配合。

（2）出具书面承诺后，民工工资保证金、担保函、民工工资支付专用账户开立证明可调整至施工许可证核发之日起30日内提交。

四、项目实名信用管理登记

项目在取得施工许可证后，建设、施工、监理单位填写实名信用管理登记表，并执相关文件到项目属地建设局办理实名登记。项目实名信用管理登记包含以下要件。

（1）项目实名信用管理登记表一份。

（2）建设单位和监理单位需要提交：中标通知书、施工许可证复印件（在建工程项目提交）、经办人身份证原件和复印件各一份。

（3）施工（总）承包企业需要提交：中标通知书、安监备案表、施工许可证复印件（在建工程项目提交）、经办人身份证原件和复印件各一份。

（4）劳务企业需要提交：经办人身份证原件和复印件各一份，同时实名登记表上需要加盖总承包企业公章。

（5）如果需要当日在建设管理部门受理窗口开立工资专户，须提供相应资料。

五、开工报告

报建手续完成后，施工单位项目部向监理单位提交开工报告，申请开工。提交的开工报告应确认以下事项。

（1）各种报建手续已办妥。

（2）施工图经法定图纸审查机构审查通过。

（3）劳动力已按计划就绪。

（4）机械设备已到位且处于良好状态。

（5）各岗位的管理人员已全部到位。

（6）质量管理、技术管理和质量保证的组织机构、制度已建立健全。

（7）施工组织设计（方案）已编制并审批。

第二节　开工准备阶段质量管理

一、质量体系建立

工期为12个月以上的新开工项目应在进场60日之内建立质量管理体系并

运行，12 个月以内的项目在进场 30 日之内建立质量管理体系并运行。项目部按照管理职责实施工程项目质量管理策划，具体包括以下内容：

（1）明确质量目标和要求；

（2）建立质量管理组织并明确职责；

（3）依据相关文件进行施工管理；

（4）确定人员、技术、施工机具等资源的需求和配置；

（5）规划场地、道路、水电、消防、临时设施等；

（6）分析影响施工质量的因素及制定相应措施；

（7）制定进度控制措施；

（8）实施施工质量检查、验收及制定控制措施；

（9）制定突发事件的应急措施；

（10）报告和处理违规事件；

（11）应收集的信息及传递信息的要求；

（12）确定与工程建设有关方的沟通方式；

（13）记录施工管理过程；

（14）执行质量管理和技术措施；

（15）满足质量管理的其他要求。

二、项目划分

（一）划分标准

在项目开工前，应会同建设单位、监理工程师确认构成建设项目的单位（子单位）工程、分部（子分部）工程、分项工程和检验批，作为施工质量检验、验收的基础，并应符合以下规定。

（1）根据建设单位招标文件的规定，每个独立的合同应当视为一个单位工程。对于包含多个工程内容或规模较大的合同，或者由多个独立设计组成的工程，应按照工程部位、工程量或独立设计将单位工程分成若干个子单位工程。

（2）应根据工程的结构部位、特点、功能和工程量等因素将单位（子单位）工程划分为分部工程。对于规模较大或者复杂的工程，可以按照材料种类、工艺特点、施工工法等将分部工程再划分为若干个子分部工程。

（3）可以根据主要工种、材料、施工工艺等因素将分部工程划分为一个或多个分项工程。

（4）分项工程可以由一个或多个检验批组成。检验批的划分应当根据施工过程、质量控制和专业验收的需要来确定。

（二）城镇道路项目划分参考

城镇道路项目划分参考见表 3-1 所列。

表 3-1　城镇道路分部（子分部）工程与相应的分项工程、检验批参考表

<table>
<tr><th>分部工程</th><th>子分部工程</th><th>分项工程</th><th>检验批</th></tr>
<tr><td rowspan="4">路基</td><td rowspan="4">—</td><td>土方路基</td><td>每条路或路段</td></tr>
<tr><td>石方路基</td><td>每条路或路段</td></tr>
<tr><td>路基处理</td><td>每条处理段</td></tr>
<tr><td>路肩</td><td>每条路肩</td></tr>
<tr><td rowspan="8">基层</td><td rowspan="8">—</td><td>石灰土基层</td><td>每条路或路段</td></tr>
<tr><td>石灰粉煤灰稳定砂砾（碎石）基层</td><td>每条路或路段</td></tr>
<tr><td>石灰粉煤灰钢渣基层</td><td>每条路或路段</td></tr>
<tr><td>水泥稳定土类基层</td><td>每条路或路段</td></tr>
<tr><td>级配砂砾（砾石）基层</td><td>每条路或路段</td></tr>
<tr><td>级配碎石（碎砾石）基层</td><td>每条路或路段</td></tr>
<tr><td>沥青碎石基层</td><td>每条路或路段</td></tr>
<tr><td>沥青贯入式基层</td><td>每条路或路段</td></tr>
<tr><td rowspan="10">面层</td><td rowspan="5">沥青混合料面层</td><td>透层</td><td>每条路或路段</td></tr>
<tr><td>黏层</td><td>每条路或路段</td></tr>
<tr><td>封层</td><td>每条路或路段</td></tr>
<tr><td>热拌沥青混合料面层</td><td>每条路或路段</td></tr>
<tr><td>冷拌沥青混合料面层</td><td>每条路或路段</td></tr>
<tr><td rowspan="2">沥青贯入式与沥青表面处治面层</td><td>沥青贯入式面层</td><td>每条路或路段</td></tr>
<tr><td>沥青表面处治面层</td><td>每条路或路段</td></tr>
<tr><td>水泥混凝土面层</td><td>水泥混凝土面层（模板、钢筋、混凝土）</td><td>每条路或路段</td></tr>
<tr><td rowspan="2">铺砌式面层</td><td>料石面层</td><td>每条路或路段</td></tr>
<tr><td>预制混凝土砌块面层</td><td>每条路或路段</td></tr>
<tr><td rowspan="4">广场与停车场</td><td rowspan="4">—</td><td>料石面层</td><td>每个广场或划分的区段</td></tr>
<tr><td>预制混凝土砌块面层</td><td>每个广场或划分的区段</td></tr>
<tr><td>沥青混合料面层</td><td>每个广场或划分的区段</td></tr>
<tr><td>水泥混凝土面层</td><td>每个广场或划分的区段</td></tr>
</table>

（续表）

分部工程	子分部工程	分项工程	检验批
人行道	—	料石人行道铺砌面层（含盲道砖）	每条路或路段
		混凝土预制块铺砌人行道面层（含盲道砖）	每条路或路段
		沥青混合料铺筑面层	每条路或路段
人行地道结构	现浇钢筋混凝土人行地道结构	地基	每座通道
		防水	每座通道
		基础（模板、钢筋、混凝土）	每座通道
		墙与顶板（模板、钢筋、混凝土）	每座通道
	预制安装钢筋混凝土人行地道结构	墙与顶部构件预制	每座通道
		地基	每座通道
		防水	每座通道
		基础（模板、钢筋、混凝土）	每座通道
		墙板、顶板安装	—
	砌筑墙体、钢筋混凝土顶板人行地道结构	顶部构件预制	每座通道
		地基	每座通道
		防水	每座通道
		基础（模板、钢筋、混凝土）	—
		墙体砌筑	每座通道
		顶部构件、顶板安装	每座通道
		顶部现浇（模板、钢筋、混凝土）	每座通道
挡土墙	现浇钢筋混凝土挡土墙	地基	每道挡土墙地基
		基础	每道挡土墙基础
		墙（模板、钢筋、混凝土）	每道墙体
		滤层、泄水孔	每道墙体
		回填土	每道墙体
		帽石	每道墙体
		栏杆	每道墙体

（续表）

分部工程	子分部工程	分项工程	检验批
挡土墙	装配式钢筋混凝土挡土墙	挡土墙板预制	每道墙体
		地基	每道挡土墙地基
		基础（模板、钢筋、混凝土）	每道基础
		墙板安装（含焊接）	每道墙体
		滤层、泄水孔	每道墙体
		回填土	每道墙体
		帽石	每道墙体
		栏杆	每道墙体
	砌筑挡土墙	地基	每道墙体
		基础（砌筑、混凝土）	每道墙体
		墙体砌筑	每道墙体
		滤层、泄水孔	每道墙体
		回填土	每道墙体
		帽石	每道墙体
	加筋土挡土墙	地基	每道挡土墙地基
		基础（模板、钢筋、混凝土）	每道基础
		加筋挡土墙砌块与筋带安装	每道墙体
		滤层、泄水孔	每道墙体
		回填土	每道墙体
		帽石	每道墙体
		栏杆	每道墙体
附属构筑物	—	路缘石	每条路或路段
		雨水支管与雨水口	每条路或路段
		排（截）水沟	每条路或路段
		倒虹管及涵洞	每座结构
		护坡	每条路或路段
		隔离墩	每条路或路段
		隔离栅	每条路或路段
		护栏	每条路或路段
		声屏障（砌体、金属）	每处声屏障墙
		防眩板	每条路或路段

（三）桥梁工程项目划分参考

城市桥梁工程项目划分参考见表 3-2 所列。

表 3-2 城市桥梁分部（子分部）工程与相应的分项工程、检验批参考表

分部工程	子分部工程	分项工程	检验批
地基与基础	扩大基础	基坑开挖、地基、土方回填、现浇混凝土（模板与支架、钢筋、混凝土）、砌体	每个基坑
	沉入桩	预制桩（模板、钢筋、混凝土、预应力混凝土）、钢管桩、沉桩	每根桩
	灌注桩	机械成孔、人工挖孔、钢筋笼制作与安装、混凝土灌注	每根桩
	沉井	沉井制作（模板与支架、钢筋、混凝土、钢壳）、浮运、下沉就位、清基与填充	每节、座
	地下连续墙	成槽、钢筋骨架、水下混凝土	每个施工段
	承台	模板与支架、钢筋、混凝土	每个承台
墩台	砌体墩台	石砌体、砌块砌体	每个砌筑段、浇筑段、施工段或每个墩台、每个安装段（件）
	现浇混凝土墩台	模板与支架、钢筋、混凝土、预应力混凝土	
	预制混凝土柱	预制柱（模板、钢筋、混凝土、预应力混凝土）、安装	
	台背回填	填土	
盖梁		模板与支架、钢筋、混凝土、预应力混凝土	每个盖梁
支座		垫石混凝土、支座安装、挡块混凝土	每个支座
索塔		现浇混凝土索塔（模板与支架、钢筋、混凝土、预应力混凝土）、钢构件安装	每个浇筑段、每根钢构件
锚锭		锚固体系制作、锚固体系安装、锚碇混凝土（模板与支架、钢筋、混凝土）、锚索张拉与压浆	每个制作件、安装件、基础
桥跨承重结构	支架上浇筑混凝土梁（板）	模板与支架、钢筋、混凝土、预应力钢筋	每孔、联、施工段
	装配式钢筋混凝土梁（板）	预制梁（板）（模板与支架、钢筋、混凝土、预应力混凝土）、安装梁（板）	每片梁
	悬臂浇筑预应力混凝土梁	0#段（模板与支架、钢筋、混凝土、预应力混凝土）、悬浇段（挂篮、模板、钢筋、混凝土、预应力混凝土）	每个浇筑段

（续表）

分部工程	子分部工程	分项工程	检验批
桥跨承重结构	悬臂拼装预应力混凝土梁	0#段（模板与支架、钢筋、混凝土、预应力混凝土）、梁段预制（模板与支架、钢筋、混凝土）、拼装梁段、施加预应力	每个拼装段
	顶推施工混凝土梁	台座系统、导梁、梁段预制（模板与支架、钢筋、混凝土、预应力混凝土）、顶推梁段、施加预应力	每节段
	钢梁	现象安装	每段、孔
	结合梁	钢梁安装、预应力钢筋混凝土梁预制（模板与支架、钢筋、混凝土、预应力混凝土）、预制梁安装、混凝土结构浇筑（模板与支架、钢筋、混凝土、预应力混凝土）	每段、孔
	拱部与拱上结构	砌筑拱圈、现浇混凝土拱圈、劲性骨架混凝土拱圈、装配式混凝土拱部结构、钢管混凝土拱（拱肋安装、混凝土压注）、吊杆、系杆拱、转体施工、拱上结构	每个砌筑段、安装段、浇筑段、施工段
	斜拉桥的主梁与拉索	0#段混凝土浇筑、悬臂浇筑混凝土主梁、支架上浇筑混凝土主梁、悬臂拼装混凝土主梁、悬拼钢箱梁、支架上安装钢箱梁、结合梁、拉索安装	每个浇筑段、制作段、安装段、施工段
	悬索桥的加劲梁与缆索	索鞍安装、主缆架设、主缆防护、索夹和吊索安装、加劲梁段拼装	每个制作段、安装段、施工段
顶进箱涵		工作坑、滑板、箱涵预制（模板与支架、钢筋、混凝土）、箱涵顶进	每坑、每制作节、顶进节
桥面系		排水设施、防水层、桥面铺装层（沥青混合料铺装、混凝土铺装——模板、钢筋、混凝土）、伸缩装置、地袱和缘石与挂板、防护设施、人行道	每个施工段、每孔
附属结构		隔声与防眩装置、梯道（砌体；混凝土——模板与支架、钢筋、混凝土；钢结构）、桥头搭板（模板、钢筋、混凝土）、防冲刷结构、照明、挡土墙▲	每砌筑段、浇筑段、安装段、每座构筑物

（续表）

分部工程	子分部工程	分项工程	检验批
装饰与装修		水泥砂浆抹面、饰面板、饰面砖和涂装	每跨、侧、饰面
引道▲		—	—

注：表中▲项应符合国家现行标准 CJJ 1《城镇道路工程施工与质量验收规范》的有关规定。

（四）给水排水管道工程项目划分参考

关于给水排水管道工程的单位工程（子单位工程）有开（挖）槽施工的管道工程、大型顶管工程、盾构管道工程、浅埋暗挖管道工程、大型沉管工程、大型桥管工程等。

给水排水管道工程项目划分参考见表 3-3 所列。

表 3-3 给水排水管道工程分部、分项、检验批参考表

<table>
<tr><th colspan="3">分部工程（子分部工程）</th><th>分项工程</th><th>检验批</th></tr>
<tr><td colspan="3">土方工程</td><td>沟槽土方（沟槽开挖、沟槽支撑、沟槽回填）、基坑土方（基坑开挖、基坑支护、基坑回填）</td><td>与下列检验批对应</td></tr>
<tr><td rowspan="4">管道主体工程</td><td>预制管开槽施工主体结构</td><td>金属类管、混凝土类管、预应力钢筒混凝土管、化学建材管</td><td>管道基础、管道接口连接、管道铺设、管道防腐层（管道内防腐层、钢管外防腐层）、钢管阴极保护</td><td>①按流水施工长度；
②排水管道按井段；
③给水管道按一定长度连续施工段或自然划分段（路段）；
④其他便于过程质量控制方法</td></tr>
<tr><td>管渠（廊）</td><td>现浇钢筋混凝土管渠、装配式混凝土管渠、砌筑管渠</td><td>管道基础、现浇钢筋混凝土管渠（钢筋、模板、混凝土、变形缝）、装配式混凝土管渠（预制构件安装、变形缝）、砌筑管渠（砖石砌筑、变形缝）、管道内防腐层、管廊内管道安装</td><td>每节管渠（廊）或每个流水施工段管渠（廊）</td></tr>
<tr><td rowspan="2">不开槽施工主体结构</td><td>工作井</td><td>工作井围护结构、工作井</td><td>每座井</td></tr>
<tr><td>顶管</td><td>管道接口连接、顶管管道（钢筋混凝土管、钢管）、管道防腐层（管道内防腐层、钢管外防腐层）、钢管阴极保护、垂直顶升</td><td>顶管顶进：每 100 m；
垂直顶升：每个顶升管</td></tr>
</table>

（续表）

分部工程（子分部工程）			分项工程	检验批
管道主体工程	不开槽施工主体结构	盾构	管片制作、掘进及管片拼装、二次内衬（钢筋、混凝土）、管道防腐层、垂直顶升	盾构掘进：每 100 环； 二次内衬：每施工作业断面； 垂直顶升：每个顶升管
		浅埋暗挖	土层开挖、初期衬砌、防水层、二次内衬、管道防腐层、垂直顶升	暗挖：每施工作业断面； 垂直顶升：每个顶升管
		定向钻	管道接口连接、定向钻管道、钢管防腐层（内防腐层、外防腐层）、钢管阴极保护	每 100 m
		夯管	管道接口连接、夯管管道、钢管防腐层（内防腐层、外防腐层）、钢管阴极保护	每 100 m
	沉管	组对拼装沉管	基槽浚挖及管基处理、管道接口连接、管道防腐层、管道沉放、稳管及回填	每 100 m（分段拼装按每段，且不大于 100 m）
		预制钢筋混凝土沉管	基槽浚挖及管基处理、预制钢筋混凝土管节制作（钢筋、模板、混凝土）、管节接口预制加工、管道沉放、稳管及回填	每节预制钢筋混凝土管节
	桥管		管道接口连接、管道防腐层（内防腐层、外防腐层）、桥管管道	每跨或每 100 m；分段拼装按每跨或每段，且不大于 100 m
附属构筑物工程			井室（现浇混凝土结构、砖砌结构、预制拼装结构）、雨水口及支连管、支墩	同一结构类型的附属构筑物不大于 10 个

三、市政工程质量安全节点告知

按照当地对市政工程的部位（工序）第一检验批实施告知制度，质量安全监督管理站（简称“质安站”）将安排随机监督抽查。因此，在完成单位工程、分部工程、分项工程和检验批划分后，应对需进行监督告知的工序进行规划。在进行节点告知前，项目应进行自检，自检合格后通过电话或电子平台的方式进行节点告知。

（一）施工阶段的质量安全告知内容

（1）起重设备的安装及拆除（如有此项目）。

（2）地基与基础：

①地基基础隐蔽验收；

②地基处理工程第一检验批；

③地基处理工程地基承载力检测（如有此项目）。

（3）桩基工程：

①挖（钻）孔桩桩孔隐蔽；

②桩基础钢筋隐蔽第一检验批；

③桩基础桩身完整性检测、单桩承载力检测；

④桩基子分部验收工程。

（4）道路工程：

①地基基底隐蔽第一检验批；

②不良地质段地基基底隐蔽；

③道路各结构层第一检验批；

④涵洞主体结构钢筋隐蔽，防水第一检验批。

（5）排水工程：

①管道闭水第一检验批；

②沟渠钢筋隐蔽第一检验批。

（6）河堤工程：

①堤岸（砌体、生态等）第一检验批；

②水工构筑物（闸坝等）第一检验批；

③卸荷台钢筋隐蔽第一检验批。

（7）桥梁工程：

①扩大基础、承台等钢筋隐蔽；

②下部结构：墩台、盖梁钢筋隐蔽及支座、防震构造第一检验批；

③上部构造：梁体（拱圈）钢筋隐蔽，预应力张拉、压浆第一检验批；

④钢结构桥梁钢结构验收；

⑤桥面及附属结构防水第一检验批。

（8）隧道工程：

①箱型隧道底板、侧壁、顶板钢筋隐蔽及防水结构第一检验批；

②浅埋暗挖隧道支护结构，二衬防水和钢筋第一检验批。

（9）给水工程：管道严密性试验第一检验批。

（10）电力浅沟：

①U 形槽安装第一检验批；

②电气设备接地测试。

（11）其他质量告知内容：

①钢结构验收；

②水池满水试验；

③设备安装与调试；

④线路管道、重要设备隐蔽；

⑤砌体第一检验批；

⑥箱涵预制、顶进第一检验批。

（二）注意事项

（1）对于危险性较大的分部分项工程，在进行验收登记前应编制专项施工方案，满足一定条件的应进行专家论证。

（2）基础隐蔽验收前应出具合格的承载力报告（含二维码），对于基础持力层承载力较高的岩层，采用钎探或触探无法进行检测时，需取芯进行强度鉴定。

（3）道路各结构层应有压实度报告和弯沉合格报告，沥青上面层在试验段施工时进行监督告知。

（4）对于同一招标项目，采用同一供货商、同一专业队伍、同一原材料的只铺一次试验段（即仅进行一次监督告知）。

（5）涉及检测仪器的验收项目应对仪器进行校验标定，仪器应在标定有效期内。

第三节　施工过程质量管理

一、三检制度

项目部对下管理实行三检制，即班组自检、工区或作业队复检、项目部终检。上述检验合格后方可继续下一道工序的施工，不允许例外放行。

二、样板引路制度

项目部应结合工程实际情况对重要工序实行样板引路制度，即工序首个检验批严格按照措施方案、技术规范组织实施，施工完成后组织管理人员及班组观摩学习，并将其作为后续施工的质量控制标准。具备条件的项目可设置样板展示区或样板段。

三、成品保护制度

为有效防止施工过程因保护不当对产品可能造成的质量问题和质量缺陷，以及最大限度地避免返工和降低修补损失，确保在交付前成品和半成品得到有效保护，项目部应根据工程特点对各类原材料、成品、半成品的储存与运输，成形混凝土结构的保护、道路路面的养护等编制成品保护制度。

四、工程实体质量控制要点

（一）原材料质量验收

原材料进场应提供原材料合格证、材质证书等质量证明文件，经设备物资部、工程管理部、工区或作业队验收合格后方可投入使用。对于无法提供材质证书原件的，材料复印件上应加盖供应商公章，有复检要求的试验室应按照复检频率要求取样进行复试。

（二）填筑工程

1．土石方路基填筑

实体质量控制关键点为：土质、粒径、碾压作业程序、压实度、弯沉值等。

（1）土质

路基填料强度应满足设计和规范要求，杂填土、淤泥质土不得用于路基填料，可采用目测、手搓或尺量进行检查。

（2）粒径

路基顶面以下 1.5 m 内，填料粒径不大于 10 cm；路基顶面 1.5 m 以下，填料粒径不大于 15 cm；超粒径填料应予以解小或清除。

（3）碾压作业程序

路基碾压应按试验段得出的碾压遍数、行走速度、松铺厚度、含水率等参数执行。为保证边缘压实度，路基应超宽碾压。

（4）压实度

路基压实度应每层检测，频率为每 1000 m^2 检测 3 个点。路基压实度采用灌砂法进行检测。

（5）弯沉值

上路床填筑完成，压实度、平整度、路拱、中线高程、平整度经检验合格后再进行弯沉检测。路基弯沉采用贝克曼梁弯沉仪进行检测，每 20 m、每车道检测 1 个点。

2．结构物周边回填

结构物周边回填质量控制关键点为：填料质量、分层厚度、压实度以及对结构的保护。回填时应注意以下几点。

（1）结构物两侧应选用沉降量较小、透水性能好的填料，回填前基坑内的积水、泥浆、垃圾应清理干净。

（2）混凝土结构回填应在结构混凝土达到设计强度后进行。

（3）结构物两侧应对称回填，回填过程中注意保护结构不被机械损伤。对于压实机械无法到达的位置采用人工配合小型夯实机械碾压密实。

（4）结构物顶部填土深度未达到 1 m 的，不得采用大型机械碾压。

3．管道回填

管道回填质量控制关键点为：填料质量、粒径、压实度等。回填时应注意以下几点。

（1）管道两侧应对称回填。

（2）管道两侧及管顶以上 50 cm 采用人工配合小型夯实机械碾压密实。

（3）大粒径、尖锐的填料应予以清除，避免损伤管道。

（4）回填过程中应避免基础扰动。

4．级配碎石基层回填

级配碎石回填质量控制关键点为：原材料质量、厚度、压实度、弯沉值、外观质量等。

（1）原材料质量

级配和集料质量应符合设计及规范要求。集料可以采用各类坚硬的材料，如岩石、圆石或矿渣。对于圆石，其粒径应该是碎石最大粒径的 3 倍以上；对于矿渣，则应该是已经崩解并且性能稳定的。这些材料的干密度和质量应该相对均匀，碎石中针片状颗粒的总含量不应超过 20%。此外，碎石中不应有黏土块、植物等有害杂质，且压碎值不大于 30%。对于城市主干道、快速路、高速路、一级公路，碎石的公称粒径不大于 37.5 mm，含泥量也不应超过 5%。

（2）厚度

级配碎石厚度不小于设计厚度的 10%，厚度的检测方式为目测或尺量。

（3）压实度

级配碎石压实度应每层检测，每 1000 m^2 检测 1 个点。压实度采用灌砂法进行检测。

（4）弯沉值

级配碎石基层弯沉采用贝克曼梁弯沉仪进行检测，每 20 m、每车道检测 1 个点。

（5）外观质量

级配碎石基层表面应平整、坚实，无松散和粗细集料集中现象。

5．水泥稳定碎石基层回填

水泥稳定碎石基层回填质量控制关键点为：原材料质量、7 天龄期饱水抗压强度、厚度、压实度、弯沉值、外观质量等。

（1）原材料质量

水泥稳定碎石基层应选择初凝时间大于 3 h、终凝时间不小于 6 h 的 42.5 级普通硅酸盐水泥、矿渣硅酸盐水泥、火山灰硅酸盐水泥。这些水泥必须具备出厂合格证和生产日期，并且需要复验合格才能投入使用。

水泥稳定碎石基层及底基层采用骨架密实型结构，其中碎石的单个颗粒最大粒径不应超过 31.5 mm。在施工前应进行水泥稳定碎石的配合比实验，碎石的压碎值应不大于 30%，碎石中的扁平、长条颗粒的总含量应保持在 20%以下，并且不应含有黏土块、植物等有害杂质。

（2）7 天龄期饱水抗压强度

7 天龄期饱水抗压强度应符合设计要求，采用现场取芯检测。

（3）厚度

厚度偏差为±1 mm，采用尺量和现场取芯检测。

（4）压实度

水泥稳定碎石基层的压实度应每层检测，频率为每 1000 m^2 检测 1 个点，采用灌砂法进行。

（5）弯沉值

水泥稳定碎石基层的弯沉采用贝克曼梁弯沉仪进行检测，每 20 m、每车道检测 1 个点。

（6）外观质量

水泥稳定碎石基层表面应平整、坚实，无粗细集料集中现象，无明显轮痕迹、推移痕迹、裂缝，接茬平顺，无贴皮、散料。

6．沥青混凝土填筑

沥青混凝土填筑质量控制关键点为：配合比、混合料质量、温度、平整度与厚度、压实度、弯沉值、黏层、透层、封层、外观质量等。

（1）配合比

热拌沥青混合料配合比设计分目标配合比设计、生产配合比设计及试拌试铺验证的三个阶段，其设计应满足《公路沥青路面施工技术规范》等规范的相关规定。

（2）混合料质量

沥青的种类和标号必须符合国家现行的相关标准和设计规定。粗集料、细集料、矿粉、纤维稳定剂等材料的质量和规格也必须符合设计和规范的要求。在检查过程中，每一批次的沥青（石油沥青每 100 吨为 1 批，改性沥青每 50 吨为 1 批）应来自同一生产厂家、同一品种、同一标号、同一批号，且需要进行一次抽样检查。

（2）温度

热拌沥青混合料的施工温度应满足规范要求。热拌沥青从出料到开放交通的温度要求见表 3-4 所列。

表 3-4　热拌沥青混合料的施工温度　（单位：℃）

<table>
<tr><th colspan="2" rowspan="2">施工工序</th><th colspan="4">石油沥青标号</th></tr>
<tr><th>50 号</th><th>70 号</th><th>90 号</th><th>110 号</th></tr>
<tr><td colspan="2">沥青加热温度</td><td>160～170</td><td>155～165</td><td>150～160</td><td>145～155</td></tr>
<tr><td rowspan="2">矿料加热温度</td><td>间隙式拌和机</td><td colspan="4">矿料加热温度比沥青温度高 10～30</td></tr>
<tr><td>连续式拌和机</td><td colspan="4">矿料加热温度比沥青温度高 5～10</td></tr>
<tr><td colspan="2">沥青混合料出料温度</td><td>150～170</td><td>145～165</td><td>140～160</td><td>135～155</td></tr>
<tr><td colspan="2">混合料贮料仓贮存温度</td><td colspan="4">贮料过程中温度降低不超过 10</td></tr>
<tr><td colspan="2">混合料废弃温度高于</td><td>200</td><td>195</td><td>190</td><td>185</td></tr>
<tr><td colspan="2">运输到现场温度不低于</td><td>150</td><td>145</td><td>140</td><td>135</td></tr>
<tr><td rowspan="2">混合料摊铺温度不低于</td><td>正常施工</td><td>140</td><td>135</td><td>130</td><td>125</td></tr>
<tr><td>低温施工</td><td>160</td><td>150</td><td>140</td><td>135</td></tr>
<tr><td rowspan="2">开始碾压的混合料内部温度不低于</td><td>正常施工</td><td>135</td><td>130</td><td>125</td><td>120</td></tr>
<tr><td>低温施工</td><td>150</td><td>145</td><td>135</td><td>130</td></tr>
<tr><td rowspan="3">碾压终了的表面温度不低于</td><td>钢轮压路机</td><td>80</td><td>70</td><td>65</td><td>60</td></tr>
<tr><td>轮胎压路机</td><td>85</td><td>80</td><td>75</td><td>70</td></tr>
<tr><td>振动压路机</td><td>75</td><td>70</td><td>60</td><td>55</td></tr>
<tr><td colspan="2">开放交通的路表温度不高于</td><td>50</td><td>50</td><td>50</td><td>45</td></tr>
</table>

（3）平整度与厚度

平整度采用标准差σ值进行评定，快速路、主干路的平整度不大于 1.5，次干路、支路的平整度不大于 2.4。面层厚度应符合设计及规定要求，厚度允许偏差为+10 mm～−5 mm，检测方法为钻孔或刨挖，用钢尺量。平整度及厚度均应委托具有检测资质的试验检测单位进行雷达扫描检测。

（4）压实度

沥青混合料面层压实度每 1000 m^2 检测 1 个点，现场采用取芯试验，检验方法为查试验记录马歇尔击实试件密度、试验室标准密度，取芯温度应在路面达到开放交通条件温度以下。

（5）弯沉值

热拌沥青混合料面层每 20 m、每车道检测 1 个点。主干路、快速路上面层采用落锤式弯沉仪进行检测，有异议时采用贝克曼梁弯沉仪复核，其他路面采用贝克曼梁弯沉仪进行检测。

（6）黏层

黏结剂必须以雾状均匀地喷洒在整个路面宽度上，形成薄而均匀的涂层，不允许出现漏洒或者成条状的情况，也不能有堆积的现象。如果喷洒不足，需要进行补喷；如果喷洒过多，需要清除多余的部分。在喷洒黏结剂后，严禁其他车辆和行人通过。

（7）透层

沥青层必须在透层油完全渗透入基层后方可进行铺筑。基层上设置下封层时，透层油不宜省略。透层油渗透入基层的深度不小于 5～10 mm，并能与基层连接成为一体。

（8）封层

稀浆封层应选用坚硬、粗糙、耐磨和洁净的集料作为封层材料，确保与粒料的撒布是均匀的，不允许出现松散、裂缝、油丁、泛油、波浪、花白、漏洒、堆积或者污染其他构筑物等现象。

（9）外观质量

稀浆封层的表面应该是平整且坚实的，接缝要紧密，没有枯焦现象。不允许出现明显的轮痕迹、推挤裂缝、脱落、烂边、油斑、掉渣等问题，也不能污染其他构筑物。面层与路缘石、平石以及其他构筑物必须接缝顺畅，不允许水积聚。

（三）混凝土工程

1．钢筋制作与安装

钢筋制作与安装质量控制关键点为：钢筋材质、数量与间排距、连接形式等。

（1）钢筋材质

钢筋原材料质量应符合设计及规范要求，进场验收查验钢筋铭牌与材质证书，复检频率为一批次进场检验一次。同一生产厂家、同一牌号、同一规格、同一炉罐号为一检验批，每检验批代表数量不超过 60 t。

（2）钢筋数量与间排距

钢筋数量与间排距应符合设计要求，同一截面内钢筋数量满足规范要求，采用目测和尺量进行检查。

（3）连接形式

绑扎钢筋搭接长度应不小于 35 d 且不小于 50 cm，绑扎位置与数量符合规范要求，采用目测和尺量进行检查。

搭接焊钢筋宜采用双面焊，单面焊焊缝长度不小于 10 d，双面焊焊缝长度不小于 5 d，两连接钢筋中轴线位于同一轴线上。采用取样试验，同一规格每 300 个接头为一检验批。

机械连接钢筋套筒长度、丝扣外露数量、拧紧力矩应满足规范要求，连接钢筋对接面平整，无空洞。采用取样试验，同一规格每 500 个接头为一检验批。

2．模板安装

模板安装质量控制关键点为：模板平整度与光洁度、保护层厚度、拼缝处理等。模板安装应符合以下规定。

（1）模板内不得有杂物、积水和垃圾。

（2）模板安装牢固，接缝严密、无错台、不漏浆、不发生鼓包和爆模。

（3）模板与混凝土接触面平整、清洁，保护层厚度满足设计要求。

3．混凝土浇筑

混凝土浇筑质量控制的关键点为：混凝土质量、振捣过程、施工缝处理、预埋件、排水孔、强度、外观质量。

（1）混凝土质量

混凝土原材料应符合《混凝土结构工程施工质量验收规范》的规定，商品混凝土进场应检查随车送料单中记录的混凝土强度等级、配合比，入仓前应检测混凝土坍落度，不满足要求的应退回。

（2）振捣

混凝土入仓高度不宜过大，标准为混凝土下落后不离析。混凝土振捣应猛插慢提，既要防止振捣不足，也要防止振捣过度。同时，振捣棒不得碰撞模板，以混凝土不再下沉、表面开始泛浆、不出现气泡为度。

（3）施工缝处理

混凝土施工缝应按方案要求进行预留，上部混凝土施工前应对下部混凝土进行凿毛处理，合格的标准为表层浮渣已清理干净，石子外露。

（4）预埋件、排水孔

预埋件、排水孔的埋置位置、深度、角度应满足设计要求，排水孔不堵塞、排水通畅，采用目测和尺量进行检查。

（5）强度

混凝土应按照规范要求进行取样，28 天龄期强度应满足设计和规范要求，重要结构应留置同条件养护试件。采用回弹和制作抗压试块进行强度检测。

（6）外观质量

混凝土表面无孔洞、露筋、蜂窝、麻面、错台、缺棱掉角和超过设计规定的结构裂缝，无宽度大于 0.15 mm 的收缩裂缝。混凝土外观质量分一般缺陷和严重缺陷两类。对于一般缺陷，应编制专项技术方案；对于严重缺陷，处理方案应经过监理、设计单位认可。

4．伸缩缝

伸缩缝质量应满足以下要求。

（1）伸缩装置的形式和规格必须符合设计要求。根据设计规定和安装时的气温，适时调整缝宽。

（2）安装伸缩装置时，焊接质量和焊缝长度必须符合设计和规范要求，焊缝必须牢固，禁止使用电焊连接。对于大型伸缩装置与钢梁连接处的焊缝，必须进行超声波检测。

（3）伸缩装置锚固部位的混凝土强度必须符合设计要求，表面应平整，与路面衔接应平顺。

5．止水

止水质量控制关键点为：原材料、连接质量等。止水质量应满足以下要求。

（1）中埋式止水带及外贴式止水带的埋设位置应准确，固定应牢靠；采用观察检查和检查隐蔽工程验收记录。

（2）遇水膨胀止水带应具有缓膨胀性能；止水条与施工缝基面应密贴，中间不得有空鼓、脱离等现象；止水条应牢固地安装在施工缝表面或预埋凹槽内；止水条采用搭接连接时，搭接长度不小于 3 cm。

（3）钢板止水、铜板止水应采用焊接形式，搭接长度不小于 3 cm，焊缝应饱满、不渗漏。

（四）桥梁工程

1．明挖基础

明挖基础质量控制关键点为：基底高程、边坡坡度、承载力等。开挖成形的基坑内应无积水，表面应平整、坚实，承载力采用钎探或触探试验检测。持力层为岩层的采取取芯进行强度鉴定。

2．灌注桩

灌注桩质量控制关键点为：护筒埋置、孔位、孔径、孔深、钢筋笼吊装、水下混凝土灌注、桩身完整性和单桩承载力等。

（1）护筒埋置

护筒可用钢或混凝土制作，应坚实、不漏水。当使用旋转钻时，护筒直径应比桩基直径大 2 cm；当使用冲击钻机时，护筒直径应大于桩径 4 cm；护筒埋置深度应满足规范规定。

（2）孔位、孔径、孔深

钻孔应一次成孔，不得中途停顿。钻孔达到设计深度后，应对孔位、孔径、孔深和孔形等进行检查。成孔达到设计深度后，必须核实地质情况，确认符合设计要求。

（3）钢筋笼吊装

钢筋笼宜整体吊装入孔。钢筋笼需分段入孔时，上下两段应保持顺直，吊装入孔应对中、慢放，防止碰撞孔壁。下放时应随时观察孔内的水位变化，发现异常应立即停放，并检查原因。

（4）水下混凝土灌注

①在水下灌注混凝土之前，应向孔底喷射水（或风）以搅动沉淀物，持续翻动 3～5 min。

②灌注混凝土时应保持连续进行，中途停顿时间不应超过 30 min。

③导管的埋置深度应控制在 2～6 m。

④为防止钢筋骨架上浮，必须采取相应措施。

⑤灌注桩顶标高应比设计要求高出 0.5～1 m。

⑥当使用全护筒进行水下灌注混凝土时，护筒底端应埋在混凝土中至少 1.5 m 深处 ，并随着导管的提升逐步拔出护筒。

⑦在水下灌注混凝土过程中，如果发生断桩情况，需要与设计和监理方一起研究处理措施。

（5）桩身完整性和单桩承载力检测

桩身完整性和单桩承载力检测应委托具有检测资质的第三方进行。对于检测结果为Ⅲ类的桩，应进行质量整改，Ⅳ类桩应做报废处理。

3．支座与支座安装

支座安装前，应检查跨距、支座栓孔位置、支座垫石顶面高程、平整度、坡度、坡向，混凝土内预应力筋管道、钢筋、预埋件设置，确认符合设计要求。支座进场应进行全数检查，检查合格证和出厂性能试验报告。支座安装应采用经纬仪、水准仪与钢尺量测。

4．防水层

（1）防水材料的品种、规格、性能、质量应符合设计要求和规范规定，查进场合格证与材质证书。

（2）防水层、黏结层与基层之间应密贴，结合牢固，采用目测检测。

（3）卷材防水层表面平整，不得有空鼓、脱层、裂缝、翘边、油包、气泡和皱褶等现象，搭接长度满足规范要求，阴阳角位置应做加强处理。

（4）涂料防水层的厚度应均匀一致，不得有漏涂处，采用目测检查。

（5）防水层与泄水口、汇水槽接合部位应密封，不得有漏封处，采用目测检查。

5．桥面铺装

桥面铺装质量控制关键点为：原材料质量、厚度、平整度、坡度及外观质量。桥面铺装质量应满足下列要求。

（1）桥面铺装层材料的品种、规格、性能、质量应符合设计要求和规范规定。

（2）对于水泥混凝土桥面铺装面层，表面应坚实、平整、无裂缝，并应有足够的粗糙度；面层伸缩缝应直顺，灌缝应密实。

（3）对于沥青混凝土桥面铺装面层，表面应坚实、平整，无裂纹、松散、油包、麻面等现象。

（4）桥面铺装层与桥头路接茬应紧密、平顺。

（六）管线安装工程

1．钢筋混凝土排水管道安装

钢筋混凝土排水管道安装质量应满足以下要求。

（1）混凝土排水管道进场前应组织监理、施工单位进行考察，并形成考察报告，选择最优厂家，每一批次管材进场均应进行破管试验，检查钢筋数量是否满足规范规定，同时回弹检测混凝土强度，核实是否满足规范规定。

（2）管节安装前应进行外观检查，发现裂缝、保护层脱落、空鼓、接口掉角等缺陷时应及时修补，并经鉴定合格后方可使用。安装线性顺直，埋设深度、轴线位置应符合设计要求。

（3）管道接口应连接牢固，承插管、企口管橡胶垫圈不外露，无错口，橡胶垫圈应进行复试。平口管安装前应对接口进行凿毛处理，并加铺钢筋网片，砂浆保护层达到强度要求后方可进行回填。

（4）排水管道应进行闭水试验，频率为污水 100%、雨水 30%。无压管道闭水试验的渗水量应满足表 3-5 的要求。

表 3-5 无压管道闭水试验允许渗水量

管材	管道内径/mm	允许渗水量/$m^3\cdot(24\ h\cdot km)^{-1}$
钢筋混凝土管	200	17.60
	300	21.62
	400	25.00
	500	27.95
	600	30.60
	700	33.00
	800	35.35
	900	37.50
	1000	39.52
	1100	41.45
	1200	43.30
	1300	45.00
	1400	46.70
	1500	48.40
	1600	50.00
	1700	51.50
	1800	53.00
	1900	54.48
	2000	55.90

2．给水管道安装

给水管道安装质量应满足以下要求。

（1）给水管道管节及管件的产品质量、外防腐、阴极保护应符合设计要求及规范规定。

（2）球墨铸铁应连接牢固，橡胶垫圈不外露，钢管焊缝应饱满、探伤检测合格。

（3）施工完成后应对管道进行压力试验，15 min 压力下降值满足《给排水管道工程施工及验收规范》相关要求。

3．电力浅沟及排管安装

电力浅沟及排管安装质量控制关键点为：U 形槽、排管、接地电阻测试。

（1）U 形槽

①U 形槽进场前应组织监理、施工单位进行考察，并形成考察报告，选择最优厂家，每一批次管材进场均应进行破管试验，检查钢筋数量是否满足规定，同时回弹检测混凝土强度，核实是否满足规范规定。

②U 形槽及盖板安装应平稳、顺直、接口平直、缝宽均匀。应对盖板正反面进行标注，表面平整，无缺边、掉角、裂缝、露石、麻面等现象。

（2）排管

①排管砼线形顺直，无凹凸、缺边、掉角、裂缝、孔洞等现象。

②管材质量符合要求。管内无泥土、砖石等杂物。排管应排列整齐、间距均匀。

（3）接地电阻测试

测试接地装置的接地电阻值必须符合设计要求，使用的电阻仪应进行标定，并在有效期内，圆钢、角钢接地极应垂直埋入地下，间距不大于设计要求。接地装置的焊接应采用搭接焊，焊接长度与宽度符合规范要求。

（七）交通工程

1．标志

标志的质量应满足以下要求。

（1）标志的设置位置及安装角度应符合设计要求。

（2）标志面应平整完好，无起皱、开裂、缺损或凹凸变形等现象。

（3）标志面在夜间车灯照射下，底色和字符应清晰明亮、颜色均匀，不应出现明暗不均和影响认读的现象。

（4）标志板外形尺寸、底板厚度、文字高度、标志面的逆反射性能等应符合设计要求。

（5）标志板下缘至路面的净空高度及标志板内缘距公路边缘线的距离应满足设计要求。

（6）所有钢构件防腐层应均匀、颜色一致，不得有流挂、滴瘤或多余结块，表面应无漏镀等缺陷。

（7）标志基础的地基承载力、规格、强度应符合设计要求和规范规定。

2．标线

标线的质量应满足以下要求。

（1）路面标线的颜色、形状和画法应符合现行《道路交通标志和标线》规定和设计要求。

（2）路面标线、突起路标的设置位置和规格应符合设计要求。

（3）标线线形应流畅，与公路线形相协调，曲线圆滑，不得出现折线。

（4）反光标线玻璃珠应撒布均匀，附着牢固，反光均匀。

（5）标线涂料表面不应出现网状裂缝、断裂缝、起泡、变色、剥落、纵向长起筋或拉槽等现象。

（6）突起路标的抗压荷载应大于 160 kN，不得有任何破损开裂。

3．信号灯安装

信号灯安装的质量应满足以下要求。

（1）信号灯的安装数量、方式、位置、高度、悬臂长度等应符合设计要求及《道路交通信号灯设置和安装规范》规定。

（2）钢质灯杆、法兰盘、地脚螺栓、螺母、垫片、加强筋等金属构件及悬臂、支撑臂、拉杆、抱箍座、夹板等附件的防腐性能应符合《高速公路交通工程钢构件防腐技术条件》规定。

（3）电缆进场应进行复检，其质量、芯线标称面积、标识、敷设应满足设计和规范要求。

4．信号机安装

信号机安装的质量应满足以下要求。

（1）信号机机柜的内部和外部表面，以及控制面板都应该是光洁和平整的，不应有凹痕、划伤、裂缝、变形等缺陷。机柜表面必须经过牢固的防锈、防腐蚀的镀层或涂层处理，金属零件不能有锈蚀或其他机械损伤，所有滑动或转动的部件应该灵活可动，紧固部件不能松动。机柜的外部表面不应有可能导致人身伤害的尖锐突起或拐角。

（2）所有要求标出的标志、文字、图形应耐久、醒目，不应轻易被除掉，不应出现卷边。操作面板、设置界面、说明和标志中的文字应使用中文，根据需要也可以同时使用其他文字。

（3）信号机的内部电气装置和部件的布局应当合理，以确保操作人员在安装、使用和维修过程中的安全和便利。所有机架安装的设备必须安排得当，以确保在拆除时不会对邻近设备造成影响。对于地面安装的室外机柜，内部的任何电气部件与机柜底部之间的距离应不小于 200 mm。这个要求是为了确保足够的空间，以便进行维护和检修工作。

（4）启动时序、信号转换、手动控制、控制方式转换等符合设计及规范要求。

（九）照明工程

1．变压器、箱式变电站安装

变压器、箱式变电站安装的质量应满足以下要求。

（1）变压器、箱式变电站等设备、器材应符合规定，无机械损伤。

（2）变压器、箱式变电站应安装正确、牢固，防雷、接地等安全保护合格、可靠。

（3）变压器、箱式变电站应在明显位置设置符合规定的安全警告标志牌。

（4）地下式变电站密封、防水良好。

（5）变压器各项试验合格，油漆完整，无渗漏油现象，分接头接头位置符合运行要求，器身无遗留物。

（6）各部接线正确、整齐，安全距离和导线截面符合设计规定。

（7）熔断器的熔体及自动开关整定值符合设计要求。

（8）高低压一次、二次回路和电气设备等应标注清晰、正确。

2．配电装置安装与控制

配电装置安装与控制的质量应满足以下要求。

（1）配电柜（箱、屏）的固定及接地应可靠，漆层完好，清洁整齐。

（2）配电柜（箱、屏）内所装电器元件应齐全完好，绝缘合格，安装位置正确、牢固。

（3）所有二次回路接线应准确，连接可靠，标志清晰、齐全。

（4）操作及联动试验应符合设计要求。

（5）路灯控制系统操作简单、运行稳定，系统操作界面直观清晰。

3．电缆线路

电缆线路安装的质量应满足以下要求。

（1）电缆型号应符合设计要求，线路排列整齐，无机械损伤，标志牌齐全、正确、清晰。

（2）电缆的固定间距、弯曲半径应符合规定。

（3）电缆接头、绕包绝缘应符合规定。

（4）电缆沟应符合要求，沟内无杂物。

（5）保护管的连接防腐应符合规定。

（6）设置工作井应符合规定要求。

4．路灯安装

路灯安装的质量应满足以下要求。

（1）试运行前应检查灯杆、灯具、光源、镇流器、触发器、熔断器等电器的型号、规格并应符合设计要求。

（2）杆位合理，杆高、灯臂悬挑长度、仰角一致；各部位螺栓紧固牢靠，电源接线准确无误。

（3）灯杆、灯臂、灯具、电器等安装固定牢靠。杆上安装路灯的引下线松紧一致。

（4）灯具纵向中心线和灯臂中心线应一致，灯具横向中心线和地面应平行，投光灯具投射角度应调整适当。

（5）灯杆、灯臂的热镀锌和涂层不能有损坏。

（6）基础尺寸、标高与混凝土强度等级应符合设计要求，基础无视觉可辨识的沉降。

（7）金属灯杆、灯座均应接地（接零）保护，接地线端子固定牢靠。

（十）绿化工程

1．种植土

种植土质量控制关键点为：土质、回填厚度、造型。

（1）土壤 pH、全盐含量、容重、土层厚度、有机质含量应满足设计及《城市绿化工程施工及验收规范》要求；采用取样检测，每 500 m^3 或 2000 m^3 以下为一检验批。

（2）土层厚度、块径符合设计要求，采用目测或尺量检查。

（3）造型胎土、栽植土应符合设计要求并提供检测报告。

（4）回填土及地形的范围、厚度、标高、造型及坡度均应符合设计要求。回填土壤应分层适度夯实，或自然沉降达到基本稳定，严禁用机械反复碾压，地形造型应自然顺畅。采用经纬仪、水准仪和钢尺测量。

2．栽植土施肥和表层整理

（1）栽植土施肥应按下列方式进行。

①凡是出售的肥料都必须具备产品合格证明，或者已经通过试验验证确保符合相关要求。

②在使用有机肥料前，必须确保其充分腐熟成熟。

③在使用无机肥料时，应该测试绿地土壤的有效养分含量，并推荐选择缓释型无机肥进行施用。

（2）栽植土表层整理应按下列方式进行。

①栽植土表层不得有明显低洼和积水处，花坛、花境栽植地 30 cm 深的表层土必须疏松。

②栽植土表层应整洁，所含石砾中粒径大于 3 cm 的不得超过 10%，粒径

小于 2.5 cm 的不得超过 20%，杂草等杂物不应超过 10%。

③栽植土表层与道路（挡土墙或侧石）接壤土，栽植土应低于侧石 3～5 cm，栽植土与边口线基本平直。

④栽植土表层整理后应平整且略有坡度。当无设计要求时，其坡度宜为 0.3%～0.5%。

（3）检查方法：试验、检测报告、观察、尺量。

3．栽植穴、槽

栽植穴、槽的质量应满足以下要求。

（1）栽植穴、槽定点放线应符合设计要求，位置准确，标记明显。

（2）栽植穴、槽的直径应大于土球或裸根苗木根系展幅 40～60 cm，穴深宜为穴径的 3/4～4/5。穴、槽应垂直下挖，上口下底应相等。

（3）栽植槽的底部遇有不透水层或重黏土层时，应进行疏松或采取排水措施。

（4）栽植穴、槽挖出的表层土和底土应分别堆放，底部应施基肥并回填表土或改良土。

（5）土壤干燥时应于栽植前灌水浸穴、槽。

（6）检查方法：试观察、测量。

4．植物材料

植物材料的质量应满足以下要求。

（1）植物材料种类及规格应符合设计要求。

（2）严禁使用带有严重病虫害的植物材料，非检疫对象的病虫害危害痕迹不得超过树体的 5%～10%。自外省市及国外引进的植物材料应有植物检疫证。

（3）植物材料的外观质量要求和检验方法应符合表 3-6 的规定。

表 3-6　植物材料的外观质量要求和检验方法

项次	项目		质量要求	检验方法
1	乔木灌木	姿态和长势	树干符合设计要求，树冠较完整，分枝点和分枝合理，长势良好	检查数量：每 100 株检查 10 株，每株为 1 点，少于 20 株全数检查。 检查方法：观察、量测
		病虫害	危害痕迹不超过树体的 5%～10%	
		土球苗	土球完整，规格符合要求，包装牢固	
		裸根苗根系	根系完整，切口平整，规格符合要求	
		容器苗木	规格符合要求，容器完整，苗木不徒长，根系发育良好不外露	

（续表）

项次	项目	质量要求	检验方法
2	棕榈类植物	主干挺直，树冠匀称，土球符合要求，根系完整	—
3	草卷、草块	草卷、草块长宽尺寸基本一致，厚度均匀，杂草不超过 5%，草高适度，根系好，草心鲜活	检查数量：按面积抽查 10%，4 m^2 为一点，不少于 5 个点。检查数量小于或等于 30 m^2 应全数检查。 检查方法：观察
4	花苗、地被、绿篱及模纹色块植物	株形茁壮，根系基础良好，无伤苗，茎、叶无污染，病虫害危害程度不超过植株的 5%～10%	检查数量：按数量抽查 10%，10 株为 1 点，不少于 5 点。检查数量少于或等于 50 株应全数检查。 检查方法：观察
5	整形景观树	姿态独特，质朴古拙，株高不小于 150 cm，多干式桩景的叶片托盘不少于 7～9 个，土球完整	检查数量：全数检查。 检查方法：观察、尺量

5．苗木运输和假植

（1）运输吊装苗木的机具和车辆吨位，必须满足苗木吊装、运输的需要，并应制定相应的安全操作措施。

（2）苗木运到现场，当天不能栽植的应及时进行假植。

（3）裸根苗木运输时，应进行覆盖，保持根部湿润。装车、运输、卸车时不得损伤苗木。

（4）带土球苗木装车和运输时排列顺序应合理，捆绑稳固，卸车时应轻取轻放，不得损伤苗木及散球。

（5）苗木假植应符合下列规定。

①裸根苗可在栽植现场附近选择适合地点，根据根幅大小，挖假植沟假植。假植时间较长时，根系应用湿土埋严，不得透风，根系不得失水。

②带土球苗木的假植，可将苗木码放整齐，土球四周培土、喷水保持土球湿润。

（6）检查方法：观察。

6．苗木修剪

（1）苗木的修剪整形应符合设计要求。如果没有特别要求，修剪整形应保持原有的树形。

（2）在处理苗木时，必须去除断枝、枯枝和严重受病虫害的枝条。

（3）对于落叶树木的枝条，应从基部进行剪除，不留木橛，并确保剪口平滑，避免劈裂现象。

（4）当需要短截枝条时，应留下外侧芽，并且剪口位置应离留芽位置上方0.5 cm。

（5）当需要修剪直径超过2 cm的大枝或粗根时，应削平截口，并涂抹防腐剂。

（6）检查方法：观察、测量。

7．树木栽植

（1）栽植的树木品种、规格、位置应符合设计规定。

（2）除特殊景观树外，树木栽植应保持直立，不得倾斜。

（3）行道树或行列栽植的树木应在一条线上，相邻植株规格应合理搭配。

（4）树木栽植成活率不应低于95%，名贵树木栽植成活率应达100%。

8．浇灌水

（1）树木栽植后应在栽植穴直径周围筑高10～20 cm围堰，堰应筑实。

（2）浇灌树木水质应符合国家标准GB 5084—2021《农田灌溉水质标准》的规定。

（3）每次浇灌水量应满足植物成活及需要。

（4）检查方法：测试、观察。

9．支撑

（1）支撑物的支柱应埋入土中不少于30 cm，支撑物、牵拉物与地面连接点的连接应牢固。

（2）连接树木的支撑点应在树木主干上，其连接处应衬软垫，并绑缚牢固。

（3）支撑物、牵拉物的强度能够保证支撑有效；用软牵拉固定时，应设置警示标志。

（4）针叶常绿树的支撑高度应不低于树木主干高度的2/3，落叶树支撑高度为树木主干高度的1/2。

（5）同规格同树种的支撑物、牵拉物的长度、支撑角度、绑缚形式以及支撑材料宜统一。

（6）检查方法：晃动支撑物。

10．大树挖掘包装

（1）土球规格应为树木胸径的6～10倍，土球高度为土球直径的2/3，土球底部直径为土球直径的 1/3；土台规格应上大下小，下部边长比上部边长少 1/10。

（2）树根应用手锯锯断，锯口平滑无劈裂并不得露出土球表面。

（3）土球软质包装应紧实无松动，腰绳宽度应大于 10 cm。

（4）土球直径 1 m 以上的应做封底处理。

（5）土台的箱板包装应立支柱，稳定牢固。

（6）检查方法：观察、尺量。

11．大树吊装运输

（1）运输吊装苗木的机具和车辆吨位，必须满足苗木吊装、运输的需要，并应制定相应的安全操作措施。

（2）吊装、运输时，应对大树的树干、枝条、根部的土球、土台采取保护措施。

（3）大树吊装就位时，应注意选好主要观赏面的方向。

（4）应及时用软垫层支撑、固定树体。

（5）检查方法：观察、尺量。

12．大树栽植

（1）大树的规格、种类、树形、树势应符合设计要求。

（2）定点放线应符合施工图设计。

（3）栽植穴应根据系或土球的直径加大 60～80 cm，深度增加 20～30 cm。

（4）栽植深度应保持下沉后原土痕和地面等高或略高，树干或树木的重心应与地面保持垂直。

（5）种植土球树木，应将土球放稳后再拆除包装物。

（6）栽植回填土壤应用种植土，肥料应充分腐熟并混合均匀。回填土应分层捣实，培土高度恰当。

（7）大树栽植后，设立支撑并稳定牢固，再进行裹干保湿，及时浇水。

（8）大树栽植后，应对新植树木进行细致的养护和管理，配备专职技术人员做好修剪、剥芽、喷雾、叶面施肥、浇水、排水、搭荫棚、包裹树干、设置风障、防台风、防寒和病虫害防治等管理工作。

（9）检查方法：观察、尺量。

13．草坪和草本地被播种

（1）在播种前，需要进行发芽试验和催芽处理，以确定合理的播种量。

（2）播种时，先对土地进行充分浇水，保持土壤湿润，并将表层土耧细耙平，确保坡度达到 0.3%～0.5%，然后轻轻压实。

（3）将种子与等量的沙土混合均匀后进行散播，播种后应均匀覆盖 0.3～0.5 cm 细土，并轻轻压实。

（4）播种后需要及时喷水，特别是在种子萌发前。干旱地区应每天喷水 1～2 次，确保水点细密均匀，浸透土层 8～10 cm，保持土表湿润，但不应有积水。待苗木出土后，可以逐渐减少喷水次数，土壤宜保持湿润见干的状态。

（5）草坪、草本地被的播种、分栽，以及草块、草卷铺设和运动场草坪成坪后应符合下列规定：

①成坪后的覆盖度应不低于 95%；

②单块裸露面积不应大于 25 cm^2；

③杂草及病虫害的面积不应超过 5%。

14．喷播植草

（1）在进行喷播前，需要检查锚杆网片的固定情况，并清理坡面。

（2）对于喷播的种子覆盖料和土壤稳定剂，其配比需要符合设计要求。

（3）播种覆盖物应该均匀无遗漏，喷播的厚度需要保持一致。

（4）在进行喷播时，应该按照从上到下的顺序进行操作。

（5）在强降雨季节进行喷播时，需要特别注意覆盖的情况。

（6）检查方法：检查种子覆盖料及土壤稳定剂的合格证明，并观察。

15．草坪和草本地被分栽

（1）分栽的植物材料应注意保鲜，不萎蔫。

（2）干旱地区或干旱季节，栽植前应先浇水浸地，浸水深度应达 10 cm 以上。

（3）草坪、草本地被的播种、分栽，以及草块、草卷铺设及运动场草坪成坪后应符合下列规定：

①成坪后覆盖度应不低于 95%；

②单块裸露面积应不大于 25 cm^2；

③杂草及病虫害的面积应不大于 5%。

（4）草坪分栽植物的株行距，每丛的单株数应满足设计要求。

（5）栽植后应平整地面，适度压实，立即浇水。

（6）检查方法：观察、尺量。

16．铺设草块和草卷

（1）在铺设草卷、草块之前，需要先进行地面的细整和找平，并确保没有低洼处。

（2）铺设草卷、草块后，应进行滚压或拍打，使其与土壤密切接触。

（3）铺设草卷、草块后，应立即充分浇水，使土壤湿透，且浸湿的土层厚度大于 10 cm。

（4）草坪和草本地被的播种、分栽，以及草块、草卷的铺设和运动场草坪成坪后应符合下列规定：

①成坪后覆盖度应不低于 95%；

②单块裸露面积应不大于 25 cm^2；

③杂草及病虫害的面积应不大于 5%。

（5）草地的排水泡坡度应适当，不应有坑洼积水的情况。

（6）铺设草卷、草块时应相互衔接紧密，高度一致，并且间隙应适当。

（7）检查方法：观察、尺量，查看施工记录。

17．花卉栽植

（1）种植花苗时，需要确保花苗的品种、规格、栽植位置、栽植密度和栽植团符合设计要求。

（2）种植的花苗应完全覆盖在地面上，存活率不低于 95%。

（3）植株之间的距离应均匀，高矮植物搭配应恰当。

（4）种植的深度需要适当，同时要压实根部土壤，确保花苗不被泥土污染。

（5）检查方法：观察、尺量。

18．施工期植物养护

（1）根据植物习性和墒情及时浇水。

（2）结合中耕除草，平整树台。

（3）加强病虫害监测，控制突发性病虫害发生，主要病虫害防治应及时。

（4）树木应及时剥芽、去蘖、疏枝整形。草坪应适时进行修剪。

（5）对树木应加强支撑、绑扎及裹干措施，做好防强风、干热、洪涝以及越冬防寒等工作。

（6）根据植物生长情况应及时追肥、施肥。

（7）花坛、花境应及时清除残花败叶，植株生长健壮。

（8）绿地应保持整洁；做好维护管理工作，及时清理枯枝、落叶、杂草、垃圾。

（9）检查方法：检查施工日志、观察。

19．水泥花砖混凝土板块面层

（1）对于园路的地面工程，基层和面层所使用的材料，包括品种、质量、规格，以及各结构层的纵横向坡度、厚度、标高和平整度，都需要符合设计要求。同时，面层与基层的结合必须牢固，不能出现空鼓、松动或者积水现象。园路的弧度应该自然顺畅。

（2）水泥花砖、混凝土板块、花岗岩等面层材料的使用，需要满足以下规定：

①在铺贴前，需要对板块的规格尺寸、外观质量、色泽等进行筛选，并进行浸水湿润晾干待用；

②勾缝和压缝的材料应该与面层材料相同，包括品种、强度等级和颜色，并需要做好养护和保护；

③面层的表面应该保持洁净，图案清晰，色泽一致，接缝平整，深浅一致，周边顺直，板块无裂缝、掉角和其他缺陷。

20. 侧石安装

（1）所用材料的品种、质量、规格，各结构层纵横向坡度、厚度、标高和平整度应符合设计要求；面层与基层的结合必须牢固，不得空鼓、松动，面层不得积水。园路的弧度应顺畅自然。

（2）侧石安装应符合下列规定：

①底部和外侧应坐浆，安装稳固；

②顶面应平整、线条应顺直；

③曲线段应圆滑无明显折角。

（3）检查方法：水准仪、尺量、观察。

21. 透水砖面层

（1）所用材料的品种、质量、规格，各结构层纵横向坡度、厚度、标高和平整度应符合设计要求；面层与基层的结合必须牢固，不得空鼓、松动，面层不得积水。园路的弧度应顺畅自然。

（2）透水砖面层应符合下列规定：

①透水砖的规格及厚度应统一；

②铺设前必须先按铺设范围排砖，边沿部位形成小粒砖时，必须调整砖块的间距或切割两边；

③面砖块间隙应均匀，色泽一致，排列形式符合设计要求，表面平整不松动。

（3）检查方法：5 m 拉线、靠尺、楔形塞尺，量测。

22. 假山、叠石、置石工程

（1）假山、叠石基础工程及主体构造应符合设计和安全要求，假山结构和主峰稳定性应符合抗风、抗震强度要求。

（2）主体山石应错缝叠压，纹理统一。

（3）假山、叠石和景石布置后的石块间的缝隙处理后，色泽应与石料色泽相近。

（4）跌水、山洞的山石长度、整块大体量山石稳定性、横向挑出的山石后部配重、压脚石应满足设计要求，辅助加固构件承载力和数量应保证达到山体的结构安全及艺术效果要求。

（5）登山道的走向应自然，踏步铺设应平整、牢固。

（6）溪流景石的自然驳岸的布置，应体现溪流的自然感，并与周围环境协调。汀步安置应稳固，面平整。

（7）壁峰不宜过厚，应采用嵌入墙体为主，与墙体脱离部分应有可靠排水措施。墙体内应预埋铁件钩托石块，保证稳固。

（8）假山、叠石、外形艺术处理应石不宜杂、纹不宜乱、块不宜匀、缝不宜多，形态自然完整。

（9）假山收顶工程、置石工程应符合规范要求。

（10）检查方法：观察、尺量、锤击、查阅资料。

23．水景管道安装

（1）在进行管道安装时，应先安装主管，然后安装支管。此外，管道的位置和标高必须符合设计要求。

（2）无论是哪种材质的管道，在连接时都必须确保不会发生渗漏。

（3）在进行配水管网的管道水平安装时，需要保证有 20%～50%的坡度，使水能够朝泄水点流动。

（4）当进行管道下料时，管道的切口应该是平整的，并且与管道的中心垂直对齐。

（5）检查方法：观察、测量。

24．座椅（凳）、标牌、果皮箱安装

（1）座椅（凳）、标牌和果皮箱的质量必须符合相关产品标准，并且需要通过产品检验合格。

（2）座椅（凳）、标牌和果皮箱的材质、规格、形状、色彩和安装位置必须符合设计要求。同时，标牌上的指示方向必须准确无误。

（3）座椅（凳）和果皮箱的安装必须牢固且没有松动。标牌支柱的安装应该是直立的，不倾斜，并且支柱表面应该整洁无毛刺。标牌与支柱的连接以及支柱与基础的连接必须牢固，没有松动。

（4）金属部分及其连接件必须进行防锈处理。

（5）座椅（凳）、标牌和果皮箱的安装必须按照产品安装说明或设计要求进行。

（6）检查方法：手动、观察。

25．园林护栏

（1）金属护栏和钢筋混凝土护栏必须设置适当的基础，基础的强度和埋深必须符合设计要求。

（2）园林护栏基础所采用的混凝土强度不能低于 C20 级别。

（3）对于现场加工的金属护栏，必须进行防锈处理。

（4）栏杆之间以及栏杆与基础之间的连接必须紧实且牢固。金属护栏的焊接必须符合国家现行相关标准的要求。

（5）竹木质护栏的主桩下埋深度不得小于 50 cm，并且主桩的下埋部分必须进行防腐处理。主桩之间的间距不应超过 6 m。

（6）竹木质护栏、金属护栏、钢筋混凝土护栏、绳索护栏等都应属于用于维护绿地并具有一定观赏效果的隔栏。

（7）栏杆之间的空隙必须符合设计要求，如果设计中没有明确要求，则应保持在 15 cm 以下。

（8）整体护栏应该垂直且平顺。

（9）检查方法：手动、观察、尺量。

第四节　竣工阶段质量管理

一、基本规定

市政工程施工质量验收按检验批、分项工程、分部（子分部）工程、单位（子单位）工程的顺序进行。

（1）检验批质量验收合格的应符合下列规定：

①主控项目的质量经抽样检验合格；

②一般项目中的实测（允许偏差）项目抽样检验的合格率应达 80%，且超差点的最大偏差值应在允许偏差值的 1.5 倍范围内；

③主要工程材料的进场验收和复验合格，试块、试件检验合格；

④工程材料的质量保证资料以及相关试验检测资料齐全、正确，具有完整的施工操作依据和质量检查记录。

（2）分项工程质量验收合格的应符合下列规定：

①分项工程所含的检验批质量验收全部合格；

②分项工程所含的检验批的质量验收记录应完整、正确；有关质量保证资料和试验检测资料应齐全、正确。

（3）分部（子分部）工程质量验收合格的应符合下列规定：

①所含分项工程的质量验收全部合格；

②质量控制资料应完整；

③外观质量验收应符合要求。

(4) 单位（子单位）工程质量验收合格的应符合下列规定：

①单位（子单位）工程所含分部（子分部）工程的质量验收全部合格；

②质量控制资料应完整；

③单位（子单位）工程所含分部（子分部）工程有关安全及使用功能的检测资料应完整；

④外观质量验收应符合要求。

二、验收组织

（一）检验批、分项工程验收组织

检验批、分项工程的质量验收由监理工程师组织施工单位项目技术负责人、项目专业质量检查员、班组长等进行验收。

（二）分部工程验收组织

分部工程完工后，由项目负责人组织自检评定合格后，向监理单位（或建设单位项目负责人）提出分部工程验收报告，由总监理工程师（或建设单位项目负责人）组织施工单位项目负责人、项目技术负责人、项目质量负责人、建设单位项目专业技术负责人、勘察单位项目负责人（有基础验收时参加）、设计单位项目负责人等进行验收。

（三）单位工程验收组织

单位工程完成后，根据建筑工程质量标准和设计图纸，组织相关人员进行自检和评定。一旦符合要求，将形成质量检验评定资料，并向建设单位提交工程竣工验收报告，提请建设单位组织竣工验收。

建设单位应组织设计、施工、监理、勘察等单位进行竣工验收。单位工程的竣工验收，应由建设单位的项目负责人组织设计单位的项目负责人、施工单位的负责人和项目负责人、施工企业的质量和技术部门负责人，以及分包单位的负责人、总监理工程师等参加。

三、验收监督

（一）分部工程验收监督

质安站对验收过程进行监督。对于一般分部工程验收，施工单位应将分部工程质量评定表报质安站核备；对于主要分部工程验收，施工单位应提前 3 个工作日通知质安站并将工程技术资料报告交质安站审查。分部工程质量等级经质安站核定后，质安站对验收过程进行监督。

（二）单位工程验收监督

对于单位工程，施工单位应提前 3 个工作日通知质安站，并将工程技术资料报告交质安站审查。单位工程质量等级经质安站核定后，质安站对验收过程进行监督。

（三）竣工预验收

应按照《建设工程监理规范》《建筑工程施工质量验收统一标准》等规定组织竣工预验收。竣工预验收应符合下列要求：

（1）单位工程完成后，施工单位应依据规范和设计图纸进行自检，对检查发现的问题进行整改；

（2）工程预验收由总监理工程师组织，各专业监理工程师、施工单位项目经理、技术负责人等相关人员按照规定进行预验收，并可邀请档案、接管等单位专家参加；

（3）竣工预验收的方法、程序、要求等均与工程竣工验收相同，预验收表格可参照工程验收表格格式；

（4）对竣工预验收存在的质量问题，由施工单位整改，经建设、监理复查整改合格后，方可提交工程竣工报告，申请工程竣工验收；

（5）质安站实施检测报告确认制度。单位工程竣工验收前，施工单位应填写检测报告确认汇总表并经检测机构盖章确认，再报送监督组责任监督员。检测报告未经确认，建设单位不得组织竣工验收。

（四）竣工验收

竣工验收前，应向质量安全监督站提供以下资料：

（1）施工许可证（复印件）；

（2）工程质量保证体系审查表；

（3）地基验槽记录（或地基处理工程质量验收报告及质量文件汇总表或桩基础工程质量验收报告及质量文件汇总表）；

（4）五方主体项目负责人法定代表人授权书、质量终身责任承诺书；

（5）市政工程地基与基础分部验收申请表；

（6）地基与基础分部工程验收报告及质量文件汇总表；

（7）市政工程主体结构分部验收申请表；

（8）主体结构分部工程验收报告及质量文件汇总表；

（9）子分部工程质量验收报告；

（10）市政工程设备安装工程验收报告及质量文件审查表；

（11）工程实测及观感质量检查验收汇总表；

（12）竣工工程申请验收报告（施工单位、监理单位盖章）；

（13）工程竣工验收通知单、验收小组成员名单；

（14）勘察文件质量检查报告；

（15）设计文件质量检查报告；

（16）监理单位工程质量评估报告；

（17）建设责任主体出具的《工程质量整改完成报告》；

（18）检测报告确认汇总表；

（19）行为记录（建设工程违规记录扣分调查书、扣分通知书以及相关资料等）；

（20）竣工验收报告（竣工验收合格后提供）；

（21）工程质量监督报告；

（22）竣工标牌、验收说明。

第四章

项目安全管理

工程项目安全管理是对项目实施全过程中的所有生产经营活动进行系统的管理，核心是落实安全生产责任制，实现“安全生产人人有责”“安全生产齐抓共管”的良好氛围，从而确保项目的安全生产。在项目开工前期，应办理安全监督备案手续，确保项目施工依法合规；在开工准备阶段，应建立健全安全生产管理体系及现场安全文明施工布置；在施工过程中，做好全过程安全生产管理，落实安全投入，保证项目安全生产，无事故发生。

第一节　报建手续办理

一、办理流程

在项目开工前期，办理报建手续的流程已在第三章介绍，此处不再赘述。

二、安全监督备案

（一）办理程序

第一步：填写建设工程安全监督备案表，一式四份，建设、施工、监理单位加盖公章。

第二步：持建设工程安全监督备案表到政务服务中心规划建设窗口办理安全监督备案。

（二）安全管理人员配备

（1）根据建质〔2008〕91 号文件《建筑施工企业安全生产管理机构设置及专职安全生产管理人员配备办法》要求，工程项目均应配备专职的安全生产管理人员。专职安全生产管理人员的数量根据项目类别有所不同，对于土木工程、线路管道工程以及设备安装类工程项目，专职安全生产管理人员的数量根据工程合同的总价进行配备，具体要求如下：

①5000 万元以下的，不少于 1 人；

②5000 万～1 亿元的，不少于 2 人；

③1 亿元及以上的，不少于 3 人。对于此种类型的项目，还应按专业配备专职的安全生产管理人员。

（2）备案表中填写的安全专职人员必须取得省住建厅下发的建筑安全员 C 证。

（三）其他注意事项

（1）安全文明施工承诺书应在项目开工前与建设单位、监理单位共同签订。

（2）购买和使用 JGJ 130《建筑施工扣件式钢管脚手架安全技术规范》要求的钢管、扣件，并签署使用合格钢管、扣件承诺书。

三、开工安全生产条件现场踏勘

办理质量安全监督备案手续后，建设、监理、施工单位应根据法律法规、规范标准，对施工现场开工安全生产条件进行自查，自评合格后，填写建设工程现场开工安全生产条件自查表，再到质安站监督组审核，并向质安站综合管理科告知，申请进行开工安全生产条件现场踏勘，合格后方可进行主体工程施工。

在检查开工安全生产条件时，安全生产文明施工资料应满足以下要求。

（1）具备建设工程现场开工安全生产条件自查表，并且施工单位在施工合同中对项目安全防护、文明施工措施的总费用及拨付计划已经明确。

（2）制定建设工程项目安全生产责任制度，并已确定本单位施工现场安全管理人员。

（3）施工单位已建立健全安全生产教育培训和安全技术交底等规章制度和操作规程，已签订安全文明施工承诺书。

（4）结合工程特点编制了施工组织设计和专项施工方案，并按规定程序审批完毕。专项方案包括：深基坑施工安全专项方案、暗挖工程施工安全专项方案、土方开挖方案、起重机械安装（拆卸）工程专项施工方案、施工现场临时用电方案、外电防护方案、模板安全专项方案、脚手架安全专项方案等。超过一定规模的危险性较大的分部分项工程专项方案应当按照《危险性较大的分部分项工程安全管理规定》（住房城乡建设部令第 37 号）组织召开专家论证会，并有专家论证报告。

（5）危险性较大规定分部分项工程清单、重大危险源监控措施、施工现场安全事故应急救援预案。

（6）施工现场及毗邻区域内供水、排水、供电、供气、供热、通信、广播电视等地下管线资料，气象和水文观测资料，相邻建筑物（构筑物）及地下工程有关资料的交接证明材料齐全，包括毗邻建筑物现状调查表、施工现场及毗邻区域内有关资料的交接证明材料一览表。

第二节 开工准备阶段安全管理

一、安全体系建立

工期为 12 个月以上的新开工项目应在进场 60 日之内建立安全管理体系并运行，12 个月以内的项目在进场 30 日之内建立安全管理体系并运行。项目部按照管理职责实施工程项目安全管理策划，具体包括：

（1）制定安全文明施工目标和要求；

（2）成立安全文明施工管理组织，拟定岗位安全职责；

（3）合理配置安全管理人员；

（4）参与场地、道路、水电、消防、临时设施规划；

（5）根据施工组织设计与现场实际，进行施工重大危险源分析，确定重大施工危险源，督促技术部门制定相应专项安全技术措施；

（6）分析影响施工质量的因素及制定控制措施；

（7）制定突发事件的应急措施；

（8）实施安全综合检查、整改及制定控制措施；

（9）对违规事件的报告和处理；

（10）应收集的信息及传递信息要求；

（11）确定与工程建设有关方的沟通方式；

（12）满足安全管理的其他要求。

二、施工现场安全文明施工布置

（一）现场实体的安全文明施工要求

1．“九牌一图”的施工要求

“九牌一图”通常包括工程概况牌、管理人员名单及监督电话牌、消防保卫（防火责任）牌、安全生产牌、环境保护牌（建筑施工场地保护牌）、文明施工牌、安全宣传牌、创建安全文明施工标准工地承诺牌、文明施工承诺牌和施工现场平面布置图。“九牌一图”应设置于施工现场大门外显著位置，尺寸规格通常为高 900 mm，宽 1400 mm，要求字体书写规范，图牌内容完整（如图 4-1 所示）。

图 4-1　“九牌一图”布置示例

2．大门、减速带、挡水带、排水沟、沉淀池及黄线等的施工要求

施工现场大门布置应符合《安全文明施工标准化技术导则》的技术要求。通常应在大门的外侧设置减速带，减速带也可兼作挡水带；应在大门的内侧设置排水沟，排水沟截面尺寸宽和深都应大于 30 cm。此外，应设置两级沉淀池，沉淀池的容积大于 2 m^3。还应在大门内侧 50 cm 处设置 10 cm 宽的黄色油漆警示条带，也可以设置黑黄相间的活动横杆。如图 4-2 和图 4-3 所示分别为施工现场大门和大门内外侧的冲洗设施、减速带、黄线及排水沟示例。

图 4-2　现场大门示例

图 4-3　冲洗设施、减速带、黄线及排水沟示例

3．施工围挡的施工要求

施工围挡及出入口设置应按当地政府要求及规程规范执行。施工围挡 30% 以上幅面应用于公益广告，同时部分可用于安全文明施工、企业形象宣传等。

实体砌筑围墙应满足《安全文明施工标准化技术导则》中的相关要求，其中围墙的高度不低于 2.0 m，文明施工重点区域不低于 2.5 m，围墙采用砌筑砖墙，采用抹灰粉刷的方式对砖墙以及裙基的内外表面进行美化处理。在围墙砌筑过程中，沿长度方向须按要求尺寸设置伸缩缝，用以防止热胀和冷缩过程中墙体发生不均匀变形。此外，围墙每 3 m 应设置加强柱，以保证墙体稳定。围墙的顶部应压顶处理并设置夜间照明灯。墙体可采用镂空处理，并可利用砖体和局部混凝土围墙的平面凹凸特征以及围墙金属构件的前后位置设计造型。部分区域可以加大围墙的横向断面尺寸，在符合地域风格基础上使围墙具有个性化和审美特色。

当采用轻型钢结构彩钢面板围挡时，围挡高度不低于 2.0 m，文明施工重点区域不低于 2.5 m。彩钢面板应设置固定式基础，从而保证围挡的稳定、安全。彩钢面板厚度不小于 0.5 mm，须采用铆钉将面板固定在钢架上，具备一定的抗风压能力。围挡应挺直和整齐，同时保持清洁美观和完整无破损。沿彩钢面板围挡每隔 20 m 设置一个照明灯，满足夜间照明和景观用途。道路施工时，因距离过长及非重要地段也可采用隔离栅，但是隔离栅的转角部位要采用 0.8 m 以上部位通透的彩（塑）钢围挡。

如图 4-4 所示为施工围挡布置示例。

图 4-4　施工围挡布置示例

4．进出口地坪和场内主要道路的施工要求

根据《安全文明施工标准化技术导则》中的相关要求，应对进出口地坪和场内主要道路采用混凝土或沥青混凝土进行路面硬化。进出口地坪硬化长度不小于 15 m。当采用混凝土进行硬化时，混凝土路面的厚度不小于 300 mm，混凝土的强度等级不低于 C30。当采用沥青混凝土进行路面硬化时，沥青混凝土路面的厚度不小于 80 mm。此外，在场内主要道路的两侧还应设置黄色油漆条带，油漆条带宽 200 mm。如图 4-5 所示为进出口地坪和场内道路示例。

图 4-5　进出口地坪和场内道路示例

5．办公区的施工要求

办公区应设置在施工现场的安全地带。办公室可选用钢结构装配式活动房，但必须满足消防要求，建议采用 A 级防火板材（岩棉材质），同时在活动房墙面必须设置可开放式窗户。如图 4-6 所示为办公区布置示例。

图 4-6　办公区布置示例

6．宿舍区的施工要求

宿舍区应设置在施工现场的安全地带，选址应符合安全要求。宿舍也可选用钢结构装配式活动房，与办公室的施工要求类似。当采用钢结构装配式活动房时，必须采用 A 级防火板材（岩棉材质）。宿舍的搭设不宜超过 2 层，此外，宿舍地面应保持平整，可贴地砖或采用混凝土对地面进行硬化。宿舍的室内高度不低于 2.4 m，室内应设置生活用品专柜，并应配备消防设施和限电装置。每间宿舍居住人数不超过 12 人，宿舍内单人床铺的面积不小于 1.9 m×0.9 m，宿舍内过道宽度不小于 0.9 m。如图 4-7 所示为宿舍区布置示例。

图 4-7　宿舍区布置示例

7．食堂区的施工要求

食堂是特殊场所，其搭设材料须符合环保和消防等要求，并须取得相关部门颁发的许可证。食堂的墙壁及屋顶应进行封闭设计，同时地面应保持平整，可贴地砖或采用混凝土对地面进行硬化。食堂的下水管线应与市政污水管线连接，食堂内还应配备必要的排风设施和消毒设施。食堂内部的灶台、操作台及周边墙面 1.8 m 以下均应贴瓷砖，并保证整洁。食堂内制作间、售卖间和储藏间应分隔设置，同时设隔油池。当采用木门时，木门下端应安装金属防鼠板。食堂还应安装纱门和纱窗。如图 4-8 所示为食堂区布置示例。

图 4-8　食堂区布置示例

8．厕所的施工要求

厕所应为水冲式厕所，男女分设，进出口设明显标志，保证通风良好并配备照明设施。厕所内墙面高度 1.8 m 以下应贴瓷砖，同时保证地面平整，可贴地砖或采用混凝土对地面进行硬化。厕所内蹲位数量不少于施工人数的 1/25，蹲位之间应设置隔板。如图 4-9 所示为营地厕所布置示例。

图 4-9 营地厕所布置示例

9．浴室的施工要求

施工现场应按相关要求设置浴室。浴室内墙壁应做好防水，采用瓷砖进行满贴处理，同时在浴室内设置合适数量的衣帽挂钩和肥皂托盘，相邻喷淋头之间的距离不小于 0.9 m。浴室内冷热水管应分开敷设，浴室的供热设备能力应与喷淋头数量匹配。当所有喷淋头同时开启时，制热能力应满足单个喷淋头不小于 2000 W，单个喷淋头每分钟的热水供应量不小于 4.5 L。如图 4-10 所示为浴室布置示例。

图 4-10 浴室布置示例

10．民工夜校的施工要求

施工现场应开设民工夜校，民工夜校的规模与建筑工程的面积相匹配。教室内讲桌、课桌、座椅、讲台、黑板及媒体播放系统必须完备。关于民工夜校的施工要求如下。

（1）当建筑工程面积在 10 km^2 以内时，民工夜校的教室面积不小于 20 m^2，或者座位不少于 25 座，能够满足民工开展安全生产、施工技能、职业健康、维权等学习的基本条件。

（2）当建筑工程面积在 10～50 km^2 时，民工夜校的教室面积不小于 30 m^2，或者座位不少于 40 座。

（3）当建筑工程面积在 50 km^2 以上时，民工夜校的教室面积应不小于 50 m^2，或者座位不少于 60 座。此种情形应保证民工夜校的地点便利，并能够根据劳动者在岗位上的实际需求开展培训。

（4）民工夜校管理机构及教育培训计划应上墙悬挂。

如图 4-11 所示为民工夜校布置示例。

图 4-11　民工夜校布置示例

11．重大危险源公示牌及民工工资发放公示牌的施工要求

根据项目施工进度及重大危险点源监控具体情况，施工技术负责人每日均应填写每日重大危险源作业公示牌；另外，还应将每月民工工资发放情况进行公示，填写民工工资发放公示牌。施工单位必须在施工现场醒目位置悬挂每日重大危险源作业公示牌和民工工资发放公示牌（如图 4-12 所示），公示牌高×宽尺寸不小于 1200 mm×1500 mm，书写字体应保持美观、整齐。

农民工工资发放公示牌

发放单位	发放月数	应发人数	实发人数	金额	备注
35 路 4 队	8 月	58 人	58 人	193800 元	
35 路 4 队	9 月	79 人	79 人	267400 元	
35 路 4 队	10 月	91 人	91 人	314860 元	
35 路 4 队	11 月	81 人	81 人	291155 元	
35 路 4 队	12 月	82 人	82 人	271620 元	

工程每日重大危险源作业公示牌

施工单位：　　　　监理单位：

序号	重大危险源部分名称	涉及危险源及不利环境因素	风险度	采取控制措施	作业人数	现场监督责任人	联系电话

填写人：　　　　年　月　日

项目经理：　　现场负责人：　　安全员：　　现场监督：

图 4-12　重大危险源公示牌及民工工资发放公示牌示例

12．总配电箱、分配电箱及开关箱的施工要求

施工现场配电采用 TN-S 标准系统，并遵循“三级配电、二级保护”的安全原则。总配电箱的电器均应具有电源隔离、电路正常连接和断开功能，以及短路、过载和漏电等安全隐患保护功能。如图 4-13～4-16 所示分别为总配电箱、分配电箱、开关箱和交流电焊机专用开关箱示例。

图 4-13　总配电箱

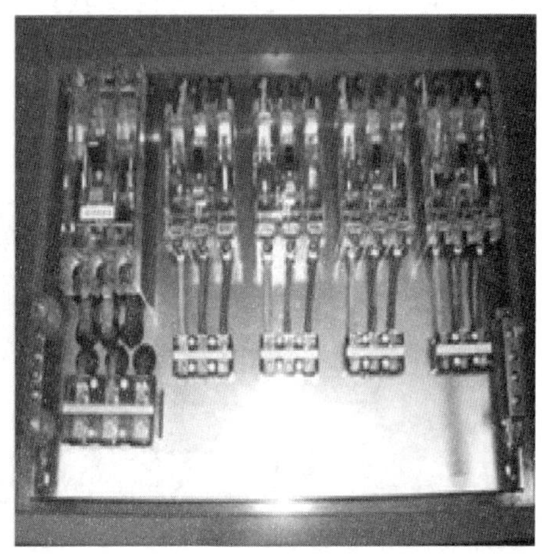

图 4-14　分配电箱

图 4-15　开关箱

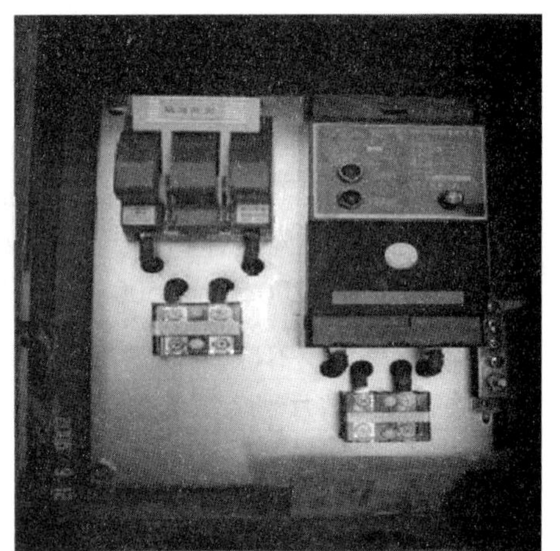

图 4-16　交流电焊机专用开关箱

13．袖套分色管理要求

对于不同规模的工程项目，安全人员配备和管理有所不同。通常来说，对于工程规模在 5000 m^2 以上的工程项目，每个项目部应配备一名专职安全工程

师（安全工程师），每 50 名工人设置一名专职安全管理员（安全员），每 10 名工人设置一名安全协管员（班组安全员）。项目部配备的安全工程师由公司直接任命。每个安全管理人员佩戴袖标或其他统一明显标志，也可以是其他统一明显着装。为了便于管理，安全管理人员应佩戴分色袖套。以常规市政工程为例，安全工程师佩戴红色袖章，袖章上用白色字样标明“安全工程师”；专职安全员除了佩戴红色袖章并且袖章上用白色字样标明“安全员”以外，胸前还应佩戴吊牌；与安全工程师和专职安全员不同，班组安全员应佩戴黄色袖章，袖章上用白色字样标明“班组安全员”。

（二）安全文明施工资料要求

施工现场安全生产保证体系管理资料共 12 个档案盒（均应在施工前完善），分别为：

（1）安全生产管理职责；

（2）目标管理；

（3）施工组织设计；

（4）安全技术交底；

（5）检查、检验；

（6）安全教育与培训；

（7）安全活动；

（8）特种作业管理；

（9）工伤事故处理；

（10）安全标志；

（11）文明施工管理；

（12）民工夜校、浴室管理。

（三）现场文明施工标志

1．蓄水池护栏上的警示标志安放类型和形式

警示标志采用悬挂方式安装在蓄水池护栏上，顶部与护栏平齐，凡是人员和车辆能看到的方向均需要安装。根据需要可以加上“禁止翻越”警示标志，加装标志后长度可以适当地延长。如图 4-17 所示为护栏警示标志示例。

图 4-17　护栏警示标志示例

2．基坑、临边防护栏杆及警示标志

（1）基坑、临边防护栏杆

对基坑、临边采用双道钢管进行防护（下道栏杆离地 600 mm，上道栏杆离地 1200 mm）。立杆间距不超过 2000 mm，立杆与基坑边坡的距离不小于 800 mm，并加装内支撑，保证栏杆平直、稳固。防护栏杆内侧满挂密目安全网，栏杆刷黄黑相间的油漆或满贴黄黑色警示带。如图 4-18 所示为基坑、临边防护栏示例。

图 4-18　基坑、临边防护示例

（2）警示标志

基坑、临边防护栏杆需要安设警示标志。标识可以分成两个或三个做成组合式标志，标志高 0.5 m，安装高度与防护栏杆顶齐平，每一个组合的长度不超过 1.8 m。如基坑和沟槽内敷设有电缆，还需要加装“当心触电”警示标志；如有水则需要在组合式标志中设置说明“积水危险，严禁下水”（白底红字）或“水深危险请勿戏水”等警示标志。

图 4-19 各类警示标志示例

3．桩（井）、洞口安全防护

（1）桩（井）、洞深度超过 2 m 时，必须搭设防护栏杆；防护栏杆距桩（井）、洞口边缘不宜小于 50 cm。

（2）防护栏杆高 1.2 m，采用三道横杆，上横杆离地面 1.2 m，中横杆距地面 0.6 m，下横杆距地面 0.2 m；底部设不低于 18 cm 的挡脚板。防护栏及挡脚板应刷红白相间（间距 30～40 cm）的警示油漆；防护栏杆满挂密目安全网，并应悬挂“当心坠落”“禁止抛物”等安全警示标志。

（3）桩（井）、洞口未施工或未使用时，应铺设安全平网。

（4）桩（井）、洞口可设置盖板进行覆盖。盖板应采用定型盖板或钢筋格栅盖板（格栅盖板四周宜用角钢加强），并固定牢靠。

（5）桩（井）、洞口第一圈护壁砼顶面应高出地面 10～15 cm，且厚度应比下面井壁厚度增加 10～15 cm。

（6）挖出的土石方应及时运离孔口，不得堆放在孔口 1 m 范围以内。

（7）施工完毕的桩（井）、洞口应按设计要求及时实施永久性盖板或防护设施。

如图 4-20 所示为桩（井）、洞口安全防护示例。

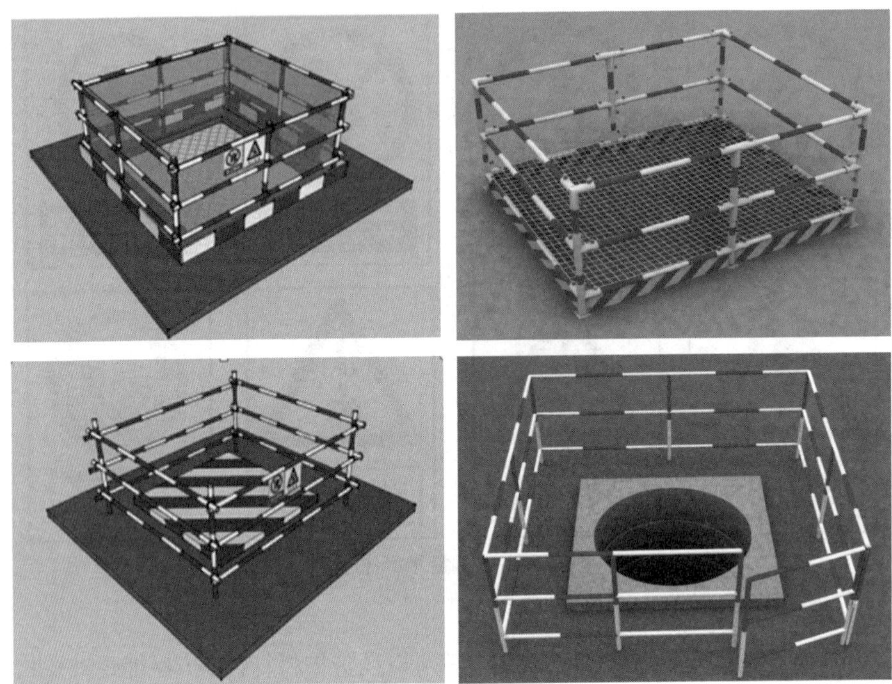

图 4-20　桩（井）、洞口安全防护示例

4．配电箱警示标志及安全责任牌

（1）警示标志牌根据配电箱的大小确定，一般宽不小于 30 cm。配电箱安全责任牌大小同警示标志牌，字体颜色为：配电箱安全责任牌、严禁无证操作、严禁带电检修为红色黑体字，编号、责任单位、责任人、联系电话为蓝色黑体字。

（2）责任单位按照序列填写，责任人填写电工姓名，联系电话填写电工联系电话，版面白底，责任单位名称、责任人姓名、联系电话、编号号码用黑体字标注。如图 4-21 所示为配电箱警示标志及安全责任牌示例。

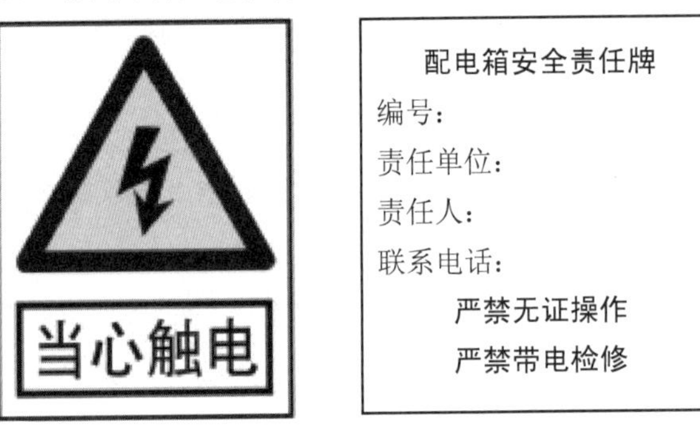

图 4-21　配电箱警示标志及安全责任牌示例

5．消防器材架及消防器材配备

单排消防架的尺寸不小于 195 cm×155 cm×72 cm，双排消防器材架的灭火器盛装箱高度不小于 80 cm，每一排消防架上必须配备消防斧、消防锹、消防水桶、消防钩各 3 个，配备不少于一卷的消防水带。

6．消防水池及沙池

消防水池和沙池可以采用砖砌结构或金属结构制作，其容积不小于 2 m^3，外表可刷涂黄黑相间的油漆条，漆条与地面呈 45°角。在其正面张贴消防水池（消防沙池）标识，标识大小为高 20 cm、长 40 cm，红边、红字、白底。

7．灭火器箱

灭火器箱标识大小以灭火器箱正面可粘贴面积为准。

8．安全帽管理

（1）安全帽根据业主单位要求进行分色管理，一般项目部管理人员、工区负责人、安全员佩戴白色安全帽，工人及安全协管员佩戴黄色安全帽。安全帽正面中间喷绘公司徽标，在徽标下面喷绘上单位名称，徽标大小 3 cm，单位名称总长 12 cm，高 2 cm。

（2）所有施工人员在安全帽后面用车贴形式粘贴姓名、单位、岗位、年龄信息标，采用白底红字标注，样式如图 4-22 所示。

姓名	张三
单位	作业×队或一工区
岗位	焊工、木工等
年龄	××岁

图 4-22　安全帽车贴示意

9．胸牌

所有管理人员必须佩戴胸牌，胸牌大小和内容如图 4-23 所示。

10．文明施工及保洁人员着装

文明施工及保洁人员除佩戴安全帽外，还应穿着养护专用服（如图 4-24 所示）。

11．隔离防撞墩

施工道路有高边坡的部位及洗车池的两侧应设置防撞墩，并在设置完成的防撞墩上刷涂黄黑或红白相间的警示漆，漆条宽 10～15 cm，与地面成 45°角，如图 4-25 所示。

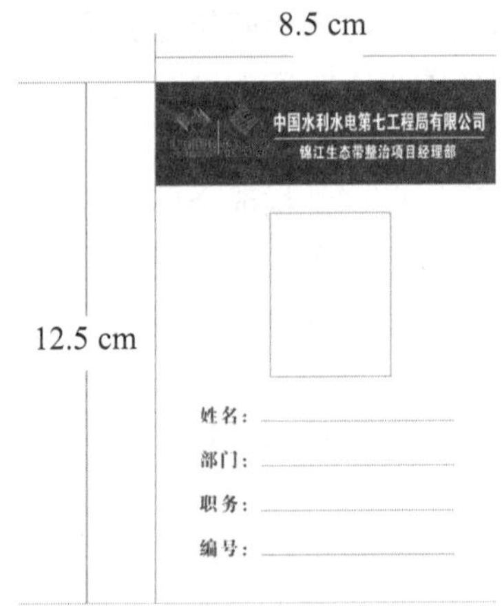

图 4-23　管理人员胸牌示意

图 4-24　文明施工人员着装示例

图 4-25　隔离防撞墩示例

12．警示、导向灯具（如图 4-26 所示）

（1）市政施工的施工标志牌、交通导向牌和危险警示闪灯等，用于提示和引导车辆有序、安全通行。

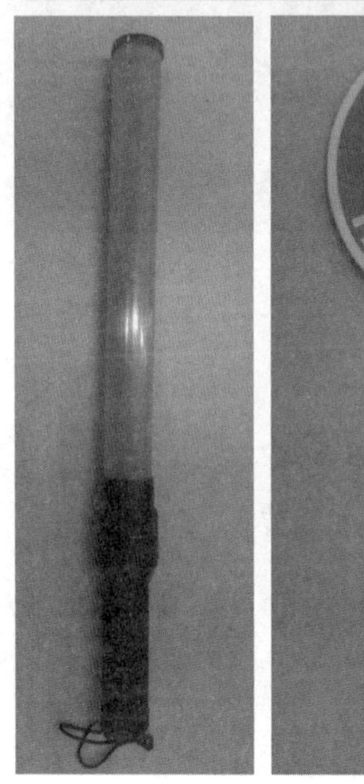

图 4-26　警示、导向灯具示意

（2）施工标志牌、交通导向牌尺寸一般为 1500 mm×900 mm。

（3）危险警示闪灯、反光方锥为成品，施工单位可根据项目实际需要自购。

13．钢筋加工车间

对钢筋加工车间的地面进行硬化处理，设置可移动厂棚，立柱粘贴黄黑相间的警示条，合理对原材料堆放区、加工区、成品区进行规划（如图 4-27 所示）。因钢筋加工车间施工用电较为固定，施工用地必须设置配电墙，合理调配各机具的开关箱（如图 4-28 所示）。

图 4-27　钢筋加工车间示意

图 4-28　车间内用电布置示例

14．裸土覆盖要求

裸露的场地和集中堆放的土方应采取覆盖、固化或绿化等措施。8 小时内不扰动的临时裸土应进行遮盖，工地裸土 3 个月以上应绿化铺植（如图 4-29 所示）。

图 4-29　裸土覆盖及临时绿化示例

16．可移动厕所

施工区域内设置移动式厕所（如图 4-30 所示），解决施工人员的个人卫生问题，保证施工区域内的施工文明卫生。

图 4-30　工地可移动厕所示例

第三节　施工过程安全管理

一、危险源管理

危险是指可能发生并会造成损失的事件，也指可能导致损害、伤害或灾难的潜在风险。在施工过程中，危险可能来自各种不同的因素和情境，例如火灾、施工意外、交通事故等，当这些潜在的危险变成现实时，将造成工程项目物质、经济等方面的损失，严重时可能危及工作人员生命，对社会造成严重的负面影响。

（一）危险源的识别与评价

1. 危险源的识别

危险源的识别是预防和减轻潜在损失的第一步。危险源可以是物理性的，如易燃易爆物品、高空跌落等；也可以是社会性的，如人的决策行为等。总的而言，我们将事故起因分为人的不安全行为、物的不安全状态、作业环境缺陷、管理缺陷四种。在实际工程活动中，可以根据生产过程中危险程度对危险源进行分类，也可以根据有害因素的类别以及工程人员伤亡事故后果对危险源进行分类。

在识别危险源之前，必须认识到人员或设备的三种状态：第一种是正常、持续的良好运行状态，称为正常状态；第二种是施工活动发生异常或者设备故障的状态，称为异常状态；第三种是发生事故情形，比如发生爆炸、火灾等重大突发情况，称为紧急状态。不同状态对应的危险防范策略也不同。

为了对危险源进行科学认识和合理评价，还需要认识到危险存在的不同时态，不同施工阶段危险源的影响也不同。对于具体危险源来说，以某项工程活动为参照点，可以分为过去时态、现在时态和将来时态。过去时态是指过去的作业活动，比如设备出现故障或者人员操作失误导致的未遂事故以及人员伤害事故等。现在时态是指现在的作业活动，比如系统或者设备处于维护、改进或者报废的安全状态。将来时态是指未来可以预见的作业活动，比如系统或设备在未来的运行状态或者即将产生的安全状态。

危险源的识别方法很多，主要有人工巡测、设备检测以及长期监测等手段和方法。在市政工程施工建设中，危险源主要通过人工巡测和定期的设备检测等手段识别，各工区和各部门按作业场所、设备、岗位进行危险源辨识，结合现场观察、查阅资料和记录、访谈等进行整理，对辨识出的危险源进行汇总后由专业部门审议，并向项目领导汇报，最后由项目安全环保部进行审定或备案。

2．风险评价方法

一旦危险源被识别，首先需要了解危险的传播途径，包括危险是如何从源头传播出去的，以及是如何对工程项目产生影响的，如对设备和环境的影响、对工程人员生命健康的影响；其次需要认识危险发生的可能性和后果，也就是风险的大小。风险是不同等级危险事件发生后的损失程度，这种程度可以是物质性的，如经济损失、身体伤害等，也可以是非物质性的，如心理阴影、心灵创伤等。风险的评估需要考虑风险发生的概率以及预期损失的程度。风险评价方法可参照“作业条件危险性评价法”，具体如下。

（1）判定准则

危险性主要依据危险性指数进行分级（见表 4-1），当危险性指数＞320 时为Ⅰ级重大危险源；当危险性指数在 160～320 时，为Ⅱ级重大危险源；当危险性指数在 70～159 时，为Ⅲ级重大危险源；当危险性指数在 20～69 时，为Ⅳ级重大危险源；当危险性指数＜20 时，列入Ⅴ级危险源，这种情形危险性不大，可不采取专项控制措施。

表 4-1　危险性判定准则

危险源等级	危险性指数
Ⅰ级重大危险源	>320
Ⅱ级重大危险源	160～320
Ⅲ级重大危险源	70～159
Ⅳ级重大危险源	20～69
Ⅴ级危险源	<20

（2）危险性判定方法

危险性指数（D）根据 3 个因素的乘积计算得到，分别为发生危险事件（事故）的可能性（L），作业者在危险环境中的频率程度（E），以及发生事故的可能后果（C）。具体计算公式见式（4-1），式中符号的取值见表 4-2～表 4-4 所列，危险性指数（D）的结果评价见表 4-5 所列。

$$D=L\times E\times C \tag{4-1}$$

表 4-2　发生危险事件（事故）的可能性

发生危险事件（事故）的可能性（*L*）	分值
完全可能发生	10
可能发生	6
可能但不经常	3
可能性小，完全意外	1
基本不可能，可以改变	0.5
极为不可能	0.2
实际上不可能	0.1

表 4-3　作业者在危险环境中的频率程度

作业者在危险环境中的频率程度（*E*）	分值
连续暴露	10
每天工作时间内暴露	6
每周一次或偶然暴露	3
每月一次或偶然暴露	2
每年几次暴露	1
罕见的暴露	0.5

表 4-4　发生事故的可能后果

现象	发生事故的可能后果（*C*）	分值
大灾难	10 人以上死亡	100
灾难	可能造成 3～9 人死亡	40
非常严重	可能造成 1～2 人死亡	15
严重	可能造成严重伤害	7
较大	受伤较重	3
引人注目	轻伤	1

表 4-5　危险性指数的结果评价

危险性指数的结果评价（D）	评价	危险源等级
＞320	极危险	Ⅰ
160～320	高度危险	Ⅱ
70～159	很危险	Ⅲ
20～69	可能危险	Ⅳ
＜20	轻微有危险	Ⅴ

（二）风险控制

针对不同层次的危险源，可以采取不同的应对措施。对于物理性的危险源，如高空跌落或易燃易爆物品，可以通过增加安全指示、规范操作流程来降低风险；对于社会性的危险源，如人为因素的决策等，可以通过加强引导、强化教育等手段来降低风险。整体而言，风险防控的原则是：首先考虑消除风险，如果不能完全消除，可以考虑降低风险，比如降低风险发生概率和降低伤害潜在的危害等。此外，还要加强个体防护，采取个体防护措施通常是风险防控的最后手段。

项目安全环保部应建立健全重大危险源台账。对于Ⅰ级危险源，有关部门要及时实施纠正措施。Ⅳ级以上重大危险源属于项目重点控制对象，项目领导要每半年检查一次，所在监控领导应每月检查一次，监控人员每天 24 小时不间断地保持监控和检查。另外，对于存在技术和资金问题的Ⅳ级以上重大危险源，管理部门应分期整改，要求列入当年或来年的管理方案。依据《重大危险源辨识标准》，并参考单位《危险源辨识风险评价与控制》作业文件要求，构成Ⅳ级以上重大危险源必须严格执行有措施、有监控、有记录、有专人管理等具体措施，达到相关安全生产的要求。检查人员对于检查中发现的问题和隐患，应采取防范措施并限期整改，认真填写检查记录表。监控人员每天定时填写监控记录表，记录被监控重大危险源的状态、时态和日常管理情况等，内容必须真实、完整、有效。

关于市政工程项目的风险控制，建议从以下几个方面进行加强。

（1）所在责任单位应当建立危险源台账。

（2）项目部工程技术人员、安全管理人员及相关人员应掌握本项目危险源的分布、状态和有关情况。

（3）危险源所在责任单位应重点控制危险源，责任领导应每月检查一次，班组长应每周检查一次，作业人员应每天检查一次。

（4）检查人员必须认真填写检查记录表，针对检查中发现的问题和隐患应采取防范措施并限期整改。

（5）制定详细的风险管理措施或预案。

表 4-6 为重大危险源现场监控记录表示例。

表 4-6　重大危险源现场监控记录表

单位：　　　　使用编号：　　　　记录编号：SDQ-C-355-05

重大危险源名称： **监控时段：**　　年　月　日　时至　年　月　日　时 **被监控区域：** **异常情况处理记录：**   **监控状态：**受控 □　非受控□

监控部位负责人/日期：　　　　　　　　记录人/日期：

二、安全教育培训

（一）安全教育管理

安全教育培训是安全生产管理工作中的一项重要内容，也是安全管理的基础工作之一，更是预防和减少事故的治本工作。通过安全教育，不断增强从业人员的安全生产意识，掌握本职工作所需的安全生产知识，防止和减少各类生产安全事故的发生。

安全教育培训必须在全员中、全过程中、全方位、有针对性地开展。

（二）安全教育内容

安全教育培训由安全意识教育、安全知识教育、安全技能教育和危险因素及应急措施教育四部分组成。安全教育培训遵循“统一规划、归口管理、分级负责、分类实施”的原则，确保从业人员受到应有的安全教育培训。

（三）三级入场教育

三级入场教育，即公司级、项目级、班组级安全入场教育，是指对新入场的员工针对公司发展理念、安全生产目标、安全法律法规、民工维权、本工种所涉及的安全隐患及防范措施等安全技能进行教育，增强作业人员的安全意识。

凡在本工程进行生产活动的从业人员必须按照“先培训、后上岗”的原则接受安全教育培训，并经考试合格后方可准许进入操作岗位。

三、日常安全检查

（一）安全检查目的

安全检查的目的主要有三：一是通过安全检查发现施工中人的不安全行为、物的不安全状态和安全管理中的缺陷，从而采取对策消除不安全因素，保障安全生产；二是利用安全检查，强制贯彻安全法律法规，增强施工人员安全意识，纠正违章作业，提高安全生产的自觉性和责任感；三是通过安全检查了解安全生产动态，分析安全生产形势，为研究对策、加强管理提供信息和依据。

（二）安全检查内容、分类与频率

安全检查主要有日常安全检查，专项安全检查，专业安全检查，季节性、节假日安全检查和综合安全检查等。日常安全检查由项目部各作业队专（兼）职安全人员负责，每天对所管辖施工区危险作业部位和施工部位进行安全巡回检查。专项、专业安全检查由项目部安全环保部组织各作业队开展有针对性、有计划性的安全检查。季节性、节假日安全检查由项目部安全环保部根据不同的季节和节假日布置相应的安全检查工作。综合安全检查由项目部安全领导小组牵头组织，有关部门和专业人员对施工项目进行全面大检查。

各类安全检查均应形成检查记录，见表4-7所列。

表4-7 安全检查分类执行表

检查分类	组织/实施单位	牵头人	检查内容	检查频次	形成相关记录
专项安全检查	安全环境物资部	部门主任	危险作业面	每周一次	表4-8～表4-15
专业安全检查	各职能部门、各工区	部门主任	交通、车辆、用电、消防等	每周一次	表4-16～表4-23
季节性、节假日安全检查	安全领导小组、各职能部门、各工区	安全领导小组组长	施工现场、生活办公区	冬季、夏季、节假日	表4-24～表4-29
综合安全检查	安全领导小组、各职能部门、各工区	安全领导小组组长	内业资料、施工现场、生活办公区	每月至少一次	表4-30～表4-31

表 4-8　专项安全检查表——现场布置

工程项目：　　　　　　　　　　使用编号：　　　　　　　　　　记录号：

检查部位		结果表示	合格√　无此项—　不合格×
检查项目	序号	检查内容	检查结果
基本要求	1	施工生产区域实行封闭管理	
	2	主要进出口处设有明显的施工警示标志和安全文明生产规定、禁令标示牌	
	3	总体布置应满足防洪、防火等安全要求及环保要求	
	4	施工实施的布置符合防汛、防火、防砸、防风、防雷及职业卫生要求	
	5	交通频繁的施工道路、交叉路口应按规定设置警示标志或信号指示灯	
	6	施工现场的井、洞、坑、沟、口等危险处应设置明显的警示标志，采取加盖板或设置围栏进行防护	
	7	临水、临空、临边部位设置不低于 1.2 m 的安全防护栏	
生产、生活、办公区、仓库布置	8	选址地质稳定，不受洪水、滑坡、泥石流、塌方及危石等威胁	
	9	交通道路畅通，避免与施工主干线交叉	
	10	车间、职工宿舍、办公室、仓库的间距符合防火安全要求	
	11	危险化学品仓库应远离其他区布置	
其他	12	办公生活区噪声应符合有关规定	
	13	生活区大气环境质量不低于 GB 3095 三级标准	
	14	生活区饮用水符合国家饮用水标准	
	15	根据施工人员人数修建公共厕所或移动厕所	
备注			

检查人：　　　　　　　　　　负责人：　　　　　　　　　　年　　月　　日

表 4-9　专项安全检查表——施工道路

工程项目：　　　　　　　　　使用编号：　　　　　　　　记录号：

检查部位		结果表示	合格√　无此项—　不合格×
检查项目	序号	检查内容	检查结果
永久道路	1	永久性机动车辆道路、桥梁、隧道按照《公路工程技术标准》（JTG BO1—2014），并考虑施工运输的安全要求进行设计修建	
	2	轨道运输线按国家有关规定进行设计、施工	
临时道路	3	道路纵坡不大于 8%，个别短距离地段最大不超过 15%	
	4	道路最小曲线半径不小于 15 m	
	5	路面宽度不小于施工车辆宽度的 1.5 倍	
	6	单车道在可视范围内应设有会车位置	
	7	路基基础稳定坚实，排水沟完好畅通	
	8	在急弯、陡坡等危险路段设有相应警告标志，岔路、涵洞口以及施工生产场所设有指示标志	
	9	悬崖陡坡、路边临空边缘设有安全墩、挡墙及反光警示标志	
	10	上部高边坡处理符合安全要求，必要时设有防止坍塌、滚落石的防护措施	
	11	保持路面完好、平坦、整洁，无堆放器材、弃渣、无积水现象，并经常清扫、维护和保养	
	12	交通繁忙的路口、危险地段设专人指挥、监护	
备注			

检查人：　　　　　　　　　负责人：　　　　　　　　年　月　日

表 4-10　专项安全检查表——模板工程

工程项目：　　　　　　　　　使用编号：　　　　　　　　记录号：

检查部位		结果表示	合格 √　无此项 —　不合格 ×
检查项目	序号	检查内容	检查结果
立柱稳定	1	支撑模板的立柱材料符合要求	
	2	立柱底部应设置垫板	
	3	按规定设置纵横向支撑	
	4	立柱间距符合规定	
施工荷载	5	模板上施工荷载不应超过规定范围	
	6	模板上堆料应均匀	
支拆模板	7	安装、拆除模板的顺序是否正确	
	8	2 m 以上高处作业应有可靠立足点	
	9	拆除区域应设置警戒线且有监护人	
	10	无未拆除的悬空模板	
	11	连接件应放在箱盒或工具袋中，严禁散放；扳手等工具应用绳索系挂在身上	
	12	上下传送模板应采用运输工具或绳索系牢后升降，严禁随意抛掷	
	13	严禁操作人员站在正拆除的模板上	
运输道路	14	在模板上运输混凝土应设置走道垫板	
	15	走道垫板应稳固	
作业环境	16	作业面孔洞及临边应采取防护措施	
	17	垂直作业上下应采取隔离防护措施	
备注			

检查人：　　　　　　　　　负责人：　　　　　　　　年　月　日

表 4-11 专项安全检查表——脚手架

工程项目： 使用编号： 记录号：

检查部位			结果表示	合格√ 无此项— 不合格×
检查项目	序号	检查主要内容		检查结果
人员管理	1	登高架设作业人员经过培训，并熟悉作业场所环境		
	2	作业人员正确佩戴安全帽、安全带、软底鞋等防护用具		
脚手架搭设	3	架杆搭设应横平竖直，搭接牢固		
	4	三级以上高处作业的脚手架应安装避雷设施		
	5	钢管立杆、大横杆的接头应错开，搭接长度不小于 50 cm		
	6	钢管脚手架立杆应垂直稳放于金属底座或垫木上，如遇松土，应绑扫地杆，基础应夯实、平整		
脚手架铺板	7	脚手板应铺满，不得有空隙、探头板，且绑扎牢固		
	8	脚手板的搭接长度不小于 20 cm		
	9	对头搭接时，应架设双排小横杆，间距不大于 20 cm		
脚手架连接	10	与岩石边坡及建筑物连接牢固		
	11	应在尽端双跨间和中间每跨 15 m 设纵向剪刀撑，其最大宽度不超过大跨，与地面成 45°～60°角		
栏杆及防护	12	脚手架外侧设置密目式安全网		
	13	施工层按规定设置 1.2 m 的栏杆或安全网和挡脚板		
	14	施工层脚手架立杆与岩石边坡或建筑物之间按要求进行封闭		
	15	必须搭设施工人员上下的专用扶梯、马道		
脚手架拆除	16	电源线不得直接捆绑在架杆上		
	17	应统一指挥自上而下进行		
	18	材料扣件禁止往下抛掷，应用绳索绑牢放下		
	19	高空作业脚手架拆除时必须有可靠的安全技术措施，并进行安全技术交底，悬挂安全警示牌		
备注				

检查人： 负责人： 年 月 日

表 4-12 专项安全检查表——基坑开挖支护

工程项目： 使用编号： 记录号：

检查部位			结果表示 合格√ 无此项— 不合格×
检查项目	序号	检查内容	检查结果
临边防护	1	深度超过 2 m 的基坑施工临边必须有防护措施，在醒目位置设置安全警示标志	
坑壁支护	2	坑槽开挖设置安全边坡，符合安全要求	
	3	支护设施未产生局部变形，对已变形的须采取措施调整	
排水措施	4	基坑施工须设置有效排水措施	
	5	深基施工采用坑外降水，应有防止邻近建筑危险沉降措施	
坑边荷载	6	积土、料具堆放距槽边距离不应小于设计规定	
	7	机械设备施工与槽边距离符合要求	
上下通道	8	人员上下有专用通道	
土方开挖	9	挖土机作业时，挖土机作业半径内不允许人员、设备进行活动	
	10	挖土机作业位置应安全、可靠	
作业环境	11	基坑内作业人员应有安全立足点	
	12	垂直作业上下应设置隔离防护措施	
	13	光线充足，满足施工需要	
备注			

检查人： 负责人： 年 月 日

表 4-13　专项安全检查表——高边坡施工

工程项目：　　　　使用编号：　　　　记录号：

检查部位		结果表示	合格√　无此项－　不合格×
检查项目	序号	检查内容	检查结果
施工现场	1	施工区域应实行封闭管理，主要进出口处应设有明显的施工警示标志和管理规定	
	2	作业人员应严格遵守劳动纪律，按照作业要求正确穿戴个人防护用品	
	3	进入高边坡部位施工的机械，应全面检查其技术性能，确保安全运行	
	4	临边、危险区域、易燃易爆场所，变压器周围应设置围栏和安全警示牌，夜间设红灯示警	
	5	作业所用材料要堆放平稳，工具应随手放入工具袋内，上下传递物件不得抛掷	
	6	遇有恶劣气候影响施工安全时，停止高边坡施工	
	7	边坡石方开挖采取自上而下的开挖方式，做好边坡开口线一定范围内的锁口锚固和截水沟	
	8	对于需要支护的边坡，采用边开挖边支护的方法，永久支护中的系统锚杆和喷混凝土与开挖工作面的高差不大于一个梯段高度，永久支护中的预应力锚索与开挖工作面的高差不大于两个梯段高度	
	9	对于边坡易风化破碎或不稳定的岩体，应先做好施工安全防护，边开挖边支护。在有断层和裂隙发育等地质缺陷的部位，应在支护作业完成后才能进行下一层的开挖	
	10	编制脚手架、承载排架专项技术措施，明确脚手架的设计及使用标准，经验收合格方可使用	
	11	在脚手架醒目的位置挂警示牌，注明脚手架通过验收时间、使用期限、一次允许在脚手架上的作业人数、最大承受荷载等	
	12	多层作业有隔离防护设施和专人监护	
	13	滑坡体、泥石流区域应设专人监测，发现异常及时报告处理	
	14	应进行施工期全过程安全监测，监测的部位包括开挖结构面和开口线上部岩体	
备注			

检查人：　　　　负责人：　　　　年　月　日

表 4-14　专项安全检查表——公路桥梁施工

工程项目：　　　　　　　　使用编号：　　　　　　　　记录号：

检查部位			结果表示	合格 √　无此项一　不合格×
检查项目	序号	检查内容		检查结果
桩基础施工	1	人工挖孔：孔顶出土机具应有专人管理，孔口高出地面 20 cm；孔口不得堆积土渣及沉重机具；作业人员的上下应乘专用吊笼或梯子；井孔内必须设置应急时使用的安全绳和软爬梯；夜间作业应悬挂警示红灯；挖孔暂停时，孔口应设置罩盖及标志		
	2	孔内挖土人员的头顶部位应设置护盖。吊斗升降时，挖土人员应在护盖下面工作。相邻两孔中，一孔进行混凝土浇筑时，另一孔的挖孔人员应停止作业，并撤出井孔		
	3	人工挖孔，除应经常检查孔内的气体情况外，还应经常通风，孔内爆破必须采取浅眼爆破法		
	4	机械钻孔：钻机安设必须平稳、牢固；钻架应加设斜撑或缆风绳		
	5	冲击钻孔，钢丝绳与钻锥用绳卡固接时，绳卡数量应与钢丝绳直径相匹配。对于已埋设护筒未开钻或已成桩护筒尚未拔除的，应加设护筒顶盖或铺设安全网遮罩		
墩台施工	6	施工前必须搭好脚手架、作业平台和作业人员上下的梯子，并在平台外侧设栏杆和安全网		
	7	吊斗升降应设专人指挥。落斗前，下部的作业人员必须躲开，不得身倚栏杆推动吊斗。严禁吊斗碰撞模板及脚手架		
	8	作业人员在可能坠落的部位作业时，必须系好安全带		
梁板预制、安装或现浇	9	张拉时梁两端正面不准站人，操作人员应站侧面，油泵操作工必须佩戴防护眼镜。存梁时应做好支撑，防止倾覆		
	10	梁板安装必须统一信号、统一指挥，下方危险区域应实施警戒		
	11	现浇支架搭设编制安全技术措施，经预压及验收，符合要求后方可使用，浇筑时必须对支架稳定情况进行监控		
	12	桥面临边、孔洞等必须做好临时防护措施。上下双层作业或跨线施工时，必须做好防护措施		
其他	13	六级以上大风及恶劣天气，应停止作业		
备注				

检查人：　　　　　　　　负责人：　　　　　　　　年　　月　　日

表 4-15 专项安全检查表——安全通道

工程项目： 使用编号： 记录号：

检查部位			结果表示	合格√ 无此项一 不合格×
检查项目	序号	检查内容		检查结果
现场检查	1	施工场内人行通道基础应牢固，走道表面保持平整、整洁、畅通，无障碍堆积物，无积水		
	2	施工通道的临空（2 m 高度以上）、临水边缘应设有高度不低于 1 m 的安全防护栏杆，临空下方有人施工作业或人员通行时，沿栏杆下侧应设有高度不低于 0.2 m 的挡板		
	3	施工走道宽度一般不得小于 1 m		
	4	施工栈桥和栈道的搭设应根据施工荷载设计施工		
	5	施工走道上方和下方有施工设施或作业人员通行时，应设置大于通道宽度的隔离防护棚		
	6	出现霜雪冰冻后，施工走道应采取相应防滑措施		
	7	钢扶梯梯梁宜采用工字钢或槽钢；踏脚板宜采用不小于 ϕ20 mm 钢筋、扁钢与小角钢；扶手宜采用外径不小于 30 mm 的钢管。焊接制作安装应牢固可靠		
	8	钢爬梯梯梁宜采用不小于 L50×50 角钢或不小于 ϕ30 mm 的钢管；踏棍宜采用不小于 ϕ20 mm 的圆钢。焊接制作安装应牢固可靠		
	9	简易木梯材料应轻便坚固，长度不宜超过 3 m，底部宽度不宜小于 0.5 m；梯梁梢径不小于 8 cm，踏步间距为 0.3 m 为宜		
备注				

检查人： 负责人： 年 月 日

表 4-16 专业安全检查表——车辆交通

工程项目：　　　　　　　　　　　使用编号：　　　　　　　　记录号：

检查部位		结果表示	合格√　无此项—　不合格×
检查项目	序号	检查内容	检查结果
车况	1	方向、制动灵敏、可靠	
	2	指示仪表灵敏、准确，音响、灯光齐全可靠，车辆整洁	
装载	3	接送员工上下班的车辆应使用客车，按规定载人，驾驶员必须持大客执照	
	4	货物运输不超载，绑扎牢固，超宽超高超长有明显标志，自卸车、油罐车、装载机等除驾驶员外不准载人	
驾驶及停放	5	遵章守纪，证照齐全	
	6	有停车场或指定停车地点，并有序停放	
公路及卸料场	7	双车道大于 7 m，单车道大于 4 m，有会车点，路基边坡稳定	
	8	有专人指挥，临空边缘有车防护栏，夜间照明足够	
安全设施	9	危险路段设标识，采取安全防护设施	
备注			

检查人：　　　　　　　　　　　负责人：　　　　　　　　年　　月　　日

表 4-17 专业安全检查表——消防安全

工程项目： 使用编号： 记录号：

<table>
<tr><td>检查部位</td><td colspan="2"></td><td>结果表示</td><td>合格√ 无此项— 不合格×</td></tr>
<tr><td>检查项目</td><td>序号</td><td colspan="2">检查内容</td><td>检查结果</td></tr>
<tr><td rowspan="3">消防管理</td><td>1</td><td colspan="2">健全各级消防责任制和管理制度，组建专职或义务消防队</td><td></td></tr>
<tr><td>2</td><td colspan="2">做好日常防火安全巡视检查，及时消除火灾隐患</td><td></td></tr>
<tr><td>3</td><td colspan="2">开展消防宣传教育活动和灭火、应急疏散救护的演练</td><td></td></tr>
<tr><td rowspan="9">消防场所</td><td>4</td><td colspan="2">配备适应的消防器材和设备，存放在明显、易于取用的位置</td><td></td></tr>
<tr><td>5</td><td colspan="2">消防器材和设备，妥善管理，定期检验，及时更换过期器材</td><td></td></tr>
<tr><td>6</td><td colspan="2">宿舍、办公室、现场值班室内严禁存放易燃易爆物品，未经许可，严禁使用电炉和大功率电器设备</td><td></td></tr>
<tr><td>7</td><td colspan="2">使用电热的场所、办公室及宿舍，电热设施有专人负责管理，班后或无人停留时，必须切断电源</td><td></td></tr>
<tr><td>8</td><td colspan="2">存放、运输、使用应严格按照爆炸物品管理制度和安全技术操作规程执行</td><td></td></tr>
<tr><td>9</td><td colspan="2">挥发性的易燃物质，不得装在开口容器，不得放在普通仓库内</td><td></td></tr>
<tr><td>10</td><td colspan="2">闪点在 45 ℃以下的桶装、罐装易燃液体不露天存放，存放处有防护栅栏，通风良好</td><td></td></tr>
<tr><td>11</td><td colspan="2">施工区域需要使用明火时，使用区进行防火分隔，清除动火区域内的易燃可燃物，配置消防器材，并有专人监护</td><td></td></tr>
<tr><td>12</td><td colspan="2">易燃易爆危险品的存放使用场所、仓库，有严格的防火措施和相应的消防设施，禁止吸烟和使用明火</td><td></td></tr>
<tr><td>其他</td><td>13</td><td colspan="2">易燃易爆危险物品的采购、运输、储存、使用、回收、销毁应有相应的防火消防措施和管理制度</td><td></td></tr>
<tr><td colspan="2">备注</td><td colspan="3"></td></tr>
</table>

检查人： 负责人： 年 月 日

表 4-18 专业安全检查表——油罐

工程项目： 使用编号： 记录号：

检查部位		结果表示	合格 √ 无此项一 不合格 ×
检查项目	序号	检查内容	检查结果
油罐消防安全	1	独立建筑，与其他设施、建筑之间的防火安全距离应不小于 50 m	
	2	周围应设有高度不低于 2.0 m 的围墙、栅栏	
	3	库区内道路为环形车道，路宽不小于 3.5 m，并设有消防通道，保持畅通	
	4	罐体装有呼吸阀、阻火器等防火安全装置	
	5	应安装覆盖库（站）区的避雷装置，且定期检测，其接地电阻不大于 10 Ω	
	6	罐体、管道设防静电接地装置，接地网、线用 40 mm×4 mm 扁钢或 ϕ 10 mm 圆钢埋设，且定期检测，其接地电阻不大于 30 Ω	
	7	主要位置设置醒目的禁火警示标志及安全防火规定	
	8	配备相应数量的泡沫灭火器、干粉灭火器等灭火器材和砂土等灭火物质	
	9	使用防爆型动力和照明电器设备	
	10	库区内严禁一切火源，禁止吸烟及使用手机	
	11	工作人员熟悉使用灭火器材，具备消防常识	
	12	运输使用的油罐车应密封，并有防静电设施	
备注			

检查人： 负责人： 年 月 日

表 4-19 专业安全检查表——施工现场用电

工程项目： 使用编号： 记录号：

检查部位			结果表示 合格√ 无此项－ 不合格×
检查项目	序号	检查内容	检查结果
人员管理	1	正确穿戴工作服、绝缘鞋等合格劳动防护用品	
	2	非电工不得从事电器作业	
接地与接零	3	按规定接地接零	
	4	保护零线与工作零线不能混接	
	5	工作接地与重复接地符合要求	
	6	专用保护零线设置符合要求	
开关板配电箱	7	符合三级配电两级保护要求	
	8	用具、熔断器应与设备容量相匹配	
	9	用电设备设专用开关箱	
	10	配电箱内引出下线整齐，有标识	
	11	开关无损坏，露天有防雨罩	
	12	配电箱应有门、锁	
	13	按规定一机一闸一漏	
	14	检修电气设备时，挂警告牌或有专人监护	
现场照明	15	照明专用回路有漏电保护	
	16	配电室设有正常照明及事故照明	
	17	场内照明灯具符合规范要求	
	18	潮湿作业使用 36 V 以下安全电压	
配电线路	19	绝缘良好，电线老化或破损应进行包扎	
	20	线路过道有保护措施	
	21	照明灯高度大于 2.5 m，车辆通过处大于 5 m	
	22	不使用的临时线路应及时回收，线头包扎好	
	23	使用五芯电缆线	
	24	线路架设或埋地符合规范	
	25	移动式电气设备，必须采用软橡胶电缆，并装漏电保护	
其他	26	在变压器或电控室周围醒目位置设置安全警示标志	
备注			

检查人： 负责人： 年 月 日

表 4-20　专业安全检查表——施工机械

工程项目：　　　　　　　　使用编号：　　　　　　　　记录号：

检查部位		结果表示	合格 √　无此项－　不合格×
检查项目	序号	检查内容	检查结果
安全设施和防护管理	1	对有较大危险因素的设施设备设置统一的安全警示标志	
	2	安全防护设施和警示标志应符合安全标志规定	
	3	在设备操作间（台）悬挂醒目的安全操作技术规程	
制动	4	稳定、可靠、灵敏	
保险	5	限位器、联锁联动，保险齐全、可靠、灵敏	
信号仪表	6	灯光、音响、信号齐全可靠，指示表准确、灵敏	
传动转动	7	润滑保养正常	
	8	传动部位设网、罩保护装置，无裸露	
吊索具	9	吊具有保险钩且完好、牢固，索具绳、卡完好、牢固	
安装维修及运行	10	起重机械指挥人员必须具备特种作业资质并规范指挥	
	11	起重机械操作人员必须持证上岗	
	12	交接班、保养制度健全并严格执行	
	13	机械运行半径范围内严禁非工作人员入内	
备注			

检查人：　　　　　　　　负责人：　　　　　　　　年　月　日

表 4-21　专业安全检查表——起重机械

工程项目：　　　　　　　　使用编号：　　　　　　　　记录号：

检查部位		结果表示	合格 √　无此项－　不合格×
检查项目	序号	检查内容	检查结果
人员	1	操作人员必须持有特种作业操作资格证书	
检验标示	2	安全检验合格标志固定在起重机械的醒目位置，其他警示标识齐全醒目	
	3	超期未检验或检验不合格的起重机械不准使用	
	4	起重机械醒目位置上应有吨位标牌，其他警示标识齐全醒目	
行走机构	5	行走制动器及联轴器部件齐全，制动力矩合适	
	6	减速器无漏油，底脚螺栓无松动	
	7	电缆及配重装置完好	
	8	行走防风铁鞋齐全	
	9	惯性制动有效	

（续表）

检查部位		结果表示	合格√　无此项—　不合格×
检查项目	序号	检查内容	检查结果
变幅机构	10	制动器、减速器制动有效，螺栓无松动	
	11	限位装置齐全有效	
	12	大栏杆、象鼻梁栏杆无脱焊变形	
	13	轴承轴锁无窜动，固定端盖片无变形，固定螺栓齐全紧固	
	14	齿轮、齿条啮合正常	
	15	摇架底座焊缝无开裂现象	
旋转机构	16	两侧小齿转轴端盖螺栓无松动	
	17	行星减速器底脚螺栓无松动，制动抱刹调整到位	
	18	制动总、分泵不漏油，制动效果好	
	19	压轮轨道平整无变形，压轮工作平稳，受力均匀	
	20	金属结构高度大于 30 m 时，应安装风速风级报警器，且灵敏、可靠	
起升机构及索具、属具	21	起升钢丝绳一个捻距内断丝数达钢丝总丝数的 10%时，应报废	
	22	制动装置有效，制动效果好	
	23	吊钩危险断面颈部产生塑性变形应报废，出现裂纹应报废，开口度比原尺寸增加 15%应报废，危险断面的磨损超过原尺寸的 10%应报废	
	24	钢丝绳在卷筒上应保留 2～3 圈余量	
电气	25	照明完好	
	26	主令控制器操作灵敏	
	27	电铃开关灵活，声响符合要求	
	28	各级接触器、继电器，主、从触头平整统一，动作有效，灭弧装置齐全	
	29	电器柜内布线整洁，电线电缆无破皮，无临时跳跃短接及继电器塞死现象	
	30	超负荷及测距装置有效	
	31	紧急断电开关应设在司机操作方便的地方，且标记明显，开关灵敏可靠	
备注			

检查人：　　　　　　　　　　负责人：　　　　　　　　　　年　　月　　日

表 4-22　专业安全检查表——吊索吊具

工程项目：　　　　　　　　使用编号：　　　　　　　　记录号：

检查部位			结果表示	合格√　无此项一　不合格×
检查项目	序号	检查内容		检查结果
管理制度	1	吊具使用单位是否有安全使用、维护保养规程或相应的规章制度		
钢丝绳	2	不得有断丝、断股、腐蚀、压扁、弯折及电弧作用引起的损坏		
	3	钢丝绳的连接绳扣长度应不小于 150 mm，插花不得低于 3 个		
	4	钢丝绳使用夹头连接时，夹头不得少于 3 个，间距不得小于 1500 mm，夹头必须压紧，直到钢丝绳直径被压缩 1/3 为止		
	5	钢丝绳磨损或腐蚀量应不超过原直径的 10%		
	6	外层钢丝磨损小于其直径的 40%		
	7	钢丝绳直径相对于公称直径减小少于 7%		
	8	钢丝绳没有松股、打结、芯子外露等		
	9	吊钩处于最低点时卷筒上至少留有 3 圈		
吊钩	10	要定期检查吊钩有无裂纹、变形，吊钩螺母和防松装置有无松动		
	11	吊钩装配部分每季度至少要检修一次，并清洁润滑		
	12	危险的断面磨损不得超过原尺寸的 10%（按 GB 10051.2 制造的吊钩不得超过原尺寸的 5%）		
	13	吊钩开口度比原尺寸增加不得超过 15%（按 GB 10051.2 制造的吊钩开口度比原尺寸增加不得超过 10%）		
	14	吊钩扭转变形不得超过 10%		
	15	吊钩危险断面或吊钩颈部不得产生塑性变形		
附件	16	板钩衬套磨损量不得超过原尺寸 50%		
	17	C 型钩心轴磨损量不得超过原尺寸 5%		
	18	紧固件必须齐全，并有防松措施		
	19	卡板、插板完好、动作灵活		
备注				

检查人：　　　　　　　　负责人：　　　　　　　　年　　月　　日

表 4-23　专业安全检查表——卷扬机

工程项目：　　　　　　　　使用编号：　　　　　　　　记录号：

检查部位			结果表示	合格√　无此项－　不合格×
检查项目	序号	检查内容		检查结果
钢丝绳与地锚	1	钢丝绳规格正确，断丝和磨损是否达到报废标准		
	2	绳卡安装符合规定		
	3	各部位滑轮、滑轮组转动灵活、可靠，无卡塞现象		
	4	卷扬机传动时，必须有排绳装置		
传动系统	5	地锚埋设符合设计要求		
	6	卷筒上有防止钢丝绳滑脱的保险装置		
	7	制动器、离合器动作灵敏、可靠		
电器系统	8	电缆供电系统充分、正常工作		
	9	控制、操纵装置动作灵敏、可靠		
	10	电器各种安全保护装置齐全、可靠		
	11	配备专门的供电电源箱		
安全装置	12	配备专门的供电电源箱		
	13	上、下限位开关灵敏、可靠		
	14	急停开关灵敏、可靠		
	15	吊钩防脱落装置齐全、可靠		
	16	安全标志（限载标志、危险警示、操作标识、操作规程）齐全		
司机指挥	17	司机持证上岗		
	18	司机所持证件应与机型相符		
	19	指挥人员持证上岗		
	20	高处作业有信号传递		
备注				

检查人：　　　　　　　　负责人：　　　　　　　　年　　月　　日

表 4-24　季节性安全检查表——冬季施工

工程项目：　　　　　　　　使用编号：　　　　　　　　记录号：

检查部位		结果表示	合格 √　无此项 —　不合格 ×
检查项目	序号	检查内容	检查结果
现场检查	1	加强道路维护，采取防滑措施	
	2	霜雪后，脚手架、脚手板、斜坡道及时清扫，并有防滑措施	
	3	爆炸物品临时存放处应保持一定的温度，防止炸药冻结	
	4	严禁用火烤冻结的炸药	
	5	各种机械设备的润滑，必须用符合防冻要求的润滑油	
	6	各种水冷机械、车辆停放后，必须将水箱中的水全部放出或加适量防冻液	
	7	进行气焊作业时，应进场检查保险壶、胶管、减压阀，以防冻结	
砼冬季施工规定	8	进行蒸汽法施工时应有防护烫伤措施，所有管路有防冻措施	
	9	对分段浇筑的砼进行电气加热时，其未浇筑砼的钢筋与已加热部分相联系时应接地，进行养生浇水时必须切断电源	
	10	进行电热法施工，必须指定电工参加操作，无关人员严禁在电热区操作	
	11	电热法工作人员必须佩戴和使用绝缘防护用品	
	12	进行暖棚法施工，暖棚必须经过设计，应尽量采用不易或难燃烧材料搭设，绑扎牢固，有可靠的防火措施，制定严格的防火制度	
春季解冻	13	对各种建筑物基础、脚手架、土石方边坡等危险部位，应进行全面检查，以防春季发生坍塌	
	14	清除施工现场内的积雪、污物，维护好交通和施工道路	
其他	15	做好人员的御寒保暖措施，备好防冻衣物和手套，禁止生明火或用电炉取暖	
备注			

检查人：　　　　　　　　负责人：　　　　　　　　年　月　日

表 4-25　季节性安全检查表——夏季施工

工程项目：　　　　　　　　　　　使用编号：　　　　　　　　　　记录号：

检查部位		结果表示	合格 √　无此项 —　不合格 ×
检查项目	序号	检查内容	检查结果
现场检查	1	编制夏季施工防高温、防汛、防泥石流、防台风及防雷等专项安全技术措施	
	2	成立应急救援领导小组，健全机构组织，落实责任人员	
	3	制定相应防范措施和应急预案，组织好预案演练，开展抢险人员的培训，落实抢险救灾队伍和物资	
	4	根据夏季施工的特点，对作业人员开展安全教育，增强自我保护意识。施工现场要为作业人员配备防暑降温的药品饮品	
	5	建立健全值班制度，及时关注天气和地质灾害等预报，及时发布预警通知，提早部署防范工作	
防暑降温	6	采取措施降温、消暑，改善员工的工作、生活环境	
	7	合理安排作息时间，不得为赶工期随意加班加点	
	8	高温作业场所采取有效的通风、隔热、降温措施	
防汛度汛	9	制定防汛度汛工作计划和应急预案，大型施工机械设备的运行和转移方案可靠	
	10	全面检查临时用电线路和设施，各种用电设备接地、接零保护良好，漏电保护装置齐全有效	
防雷、防泥石流	11	检查现场防雷工作，炸药库、油库、拌合楼等的防雷设施落实情况及有效性；大型起重机械等设备必须按规定做好避雷接地	
	12	检查施工现场、办公生活区、库房是否处于山洪泥石流影响的危险区	
备注			

检查人：　　　　　　　　　　　负责人：　　　　　　　　　　　年　　月　　日

表 4-26　季节性安全检查表——雨季施工

工程项目：　　　　　　　　　　　使用编号：　　　　　　　　　　记录号：

检查部位		结果表示	合格 √　无此项－　不合格×
检查项目	序号	检查内容	检查结果
现场检查	1	项目部成立防汛、防洪领导小组，检查重点部位的防汛措施落实情况，防汛物资准备、应急预案的培训演练情况	
	2	对施工人员进行防雷电灾害常识学习，如学习雷雨天不准打手机，关闭电器，户外远离金属导体，严禁在树下避雨等安全常识	
	3	检查现场防雷工作，炸药库、油库、拌合楼等的防雷设施落实情况及有效性（防雷范围是否满足要求，接地装置是否完好，接地电阻是否有效）；大型脚手架、大型起重机械设备必须按规定做好避雷接地	
	4	边坡、洞口等部位的截排水设施施工完成并保证通畅，现场排水设施畅通，避免积水、雨水冲刷边坡	
	5	检查办公生活区、库房是否漏雨，是否处于山洪泥石流影响的危险区	
	6	开挖边坡、弃碴场、料场稳定情况，是否存在滑坡、坍塌和泥石流等隐患	
	7	检查排架、支架（平台）和临建设施的基础稳定情况（是否下沉、裂缝）	
	8	现场机电设备要做好防雨、防雷、防漏电措施。对施工现场的防雷设施及临时用电线路和设施进行全面检查，确保电缆没有拖地，各种用电设备接地、接零保护良好，漏电保护装置齐全有效	
备注		暴雨后及时开展安全检查，发现隐患及时处理	

检查人：　　　　　　　　　　　负责人：　　　　　　　　　　年　月　日

表 4-27　季节性安全检查表——风季施工

工程项目：　　　　　　　　　　使用编号：　　　　　　　　　　记录号：

检查部位		结果表示	合格√　无此项一　不合格×
检查项目	序号	检查内容	检查结果
现场检查	1	成立防台风及应急救援工作领导小组，健全机构组织，落实责任人员	
	2	对施工人员进行防风灾害常识教育，提高自我防范能力和应急反应能力	
	3	高空作业操作人员必须正确使用安全带，即高挂低用且必须戴好安全帽、挂好安全网。遇有五级以上强风等恶劣气候，不得从事露天高空作业	
	4	高架式机械设备（如起重机械、打桩机械等）稳固，采取防风或加固措施，所有提升装置、缆风绳必须正常受力均匀，大风过后细心检查处理，对磨损绳体应加固或更换	
	5	对脚手架、施工支架等进行加固，无松动倒塌的危险。对于结构不完整、整体稳定性较差的作业项目，采取加固防护措施	
	6	对所有架空用电线路进行风期检查，防止线路弛度过大，随风摆动大，以免造成短路和其他危害的发生	
	7	所有安全通道和临边作业应有安全防护措施，严禁高空抛物，以防物体随风飘移，砸伤人员	
	8	高处用气割或电焊时，应采取措施防止火花随风落下伤人及引燃易燃物。焊接剩余的焊条头、工具等不得随意下丢	
	9	对于吊装作业，一定要设专人指挥，若风力超过六级必须停止作业；风力微小时，也要加护绳保护，防止其他安全事故发生	
备注		风季应经常进行安全检查，大风过后应检查，发现隐患及时处理	

检查人：　　　　　　　　　　负责人：　　　　　　　　　　年　　月　　日

表 4-28　季节性安全检查表——防汛

工程项目：　　　　　　　　　　使用编号：　　　　　　　　　　记录号：

检查部位		结果表示	合格√　无此项—　不合格×
检查项目	序号	检查内容	检查结果
现场检查	1	成立防汛指挥领导组织，负责工程安全度汛工作	
	2	根据施工情况和防汛要求编制防洪度汛措施和应急预案	
	3	成立防汛抢险队伍，落实防汛物资，随时做好防汛抢险的准备工作	
	4	随时保持与建设单位的通讯联系，及时掌握汛期水情预报和水文信息，预测洪峰流量及到来时间和过程，及时通告项目各工区和作业单位	
	5	洪水淹没危险区的施工人员，提前撤离到安全地点	
	6	重点检查围堰、子堤等防汛设施、工程和未竣工工程，发现险情，及时进行抢险加固	
	7	防汛抢险前，各施工机械设备撤离基坑、低洼等淹没地段	
	8	防汛期间，施工运输船舶须避洪停泊。避洪停泊中，除抛锚停泊外，还应加系防汛缆索	
	9	防汛期间，在抢险时安排专人进行安全监视，确保抢险人员的安全	
备注			

检查人：　　　　　　　　　　负责人：　　　　　　　　　　年　　月　　日

表 4-29 节假日安全检查表

工程项目： 使用编号： 记录号：

检查部位		结果表示	合格√ 无此项— 不合格×
检查项目	序号	检查内容	检查结果
施工人员	1	合理安排文化娱乐活动，不得影响其他员工的休息	
	2	穿戴好劳动保护用品和正确使用防护工具	
	3	作业人员按时休息，严禁酒后上班，按规定乘车上下班	
施工区车辆	4	严格遵守车辆管理制度，任何人不得私自开车和酒后驾车	
	5	做好行车前的车辆安全检查并记录	
	6	接送员工上下班的车辆，按规定载人，严禁违章驾驶	
节日“三防”	7	严格按照相关规定管理火工材料，防爆、防盗，严防火工材料流失	
	8	易燃易爆等危险品的存储和使用的影响区内禁放烟花爆竹	
	9	易燃易爆场所配备相应的消防器材，如消防栓、消防水池、灭火器等	
	10	安排节假日值班人员，严防盗窃和各类治安事件的发生。值班人员应保持通信联络通畅	
用电管理	11	员工宿舍和施工现场临时值班房，严禁线路私拉乱接	
	12	按规定使用用电设备，不得使用大功率用电设备进行取暖或做饭	
	13	非电工不得从事电器作业	
施工现场	14	节日期间各施工作业面须有安全员巡视	
	15	安全通道、危险部位有明显的警示标志和防护设施	
	16	交叉作业、危险作业严格按照操作规程及相关要求实施，并有专人负责指挥	
	17	检查对重大危险源的监控管理情况	
备注			

检查人： 负责人： 年 月 日

表 4-30　安全生产综合大检查记录

工程项目：　　　　　　　　　　使用编号：　　　　　　　　记录号：

组织单位（部门）		检查日期	
组织检查负责人		记录人员	

检查人员：

检查部位：

检查主要内容（如安全防护设施、防火防爆、脚手架搭设及使用、安全标志、施工用电、设备安拆、设备管理及运行、人员作业行为等）：

检查情况（描述所检查的部位、内容、安全生产实际状况，包括符合与不符合）：

发出整改通知单记录号		负责整改单位	
整改通知单下达人		整改单位责任人	
整改通知单下达时间		整改内容完成时间	
整改结果验证人员		整改结果验证时间	

表 4-31　安全整改通知单

工程项目：　　　　　　　　　使用编号：　　　　　　　　记录号：

<table>
<tr><td rowspan="2">整改单位或责任人</td><td rowspan="2"></td><td>收件人</td><td></td></tr>
<tr><td>收件日期</td><td></td></tr>
<tr><td></td><td colspan="3"></td></tr>
<tr><td>整改期限</td><td colspan="3">限期在　　年　　月　　日前整改完毕</td></tr>
<tr><td>签发人</td><td></td><td>签发日期</td><td></td></tr>
<tr><td colspan="4">反馈情况</td></tr>
<tr><td>整改情况及结果</td><td colspan="3"></td></tr>
<tr><td>整改单位负责人</td><td></td><td>整改结果验证人</td><td></td></tr>
</table>

四、安全生产投入管理

根据国家相关要求，工程项目应保证安全生产投入，包括安全设施、人员的安全教育培训以及安全监察等方面。其中安全设施的经费开支、安全教育培训的费用开支、安全教育与监察基金以及安全奖励基金的提取和使用，通常参照各公司、分局及项目部内部文件的相关规定执行。

（一）安全生产投入计划的制定与实施

各市政工程项目应根据本单位生产经营特点制定安全生产投入年度计划，在年底计划的基础上制定季度计划、月计划以及单项计划。安全生产投入计划的制定应遵循以下原则。

（1）年度安全生产投入计划根据市政项目年度生产经营项目进行编制，与年度生产经营计划同时下达，由项目安全第一责任人批准后实施。

（2）季度安全生产投入计划在年度安全生产投入计划基础上进行编制，执行年度安全投入计划期间，按照季度进行阶段性的调整和细化，根据季度生产计划安排和生产安全需要执行。

（3）单项安全生产投入计划应在单项部位施工前编制完成，是针对重要安全技术措施编制的安全投入计划。编制的单项安全生产投入计划应做到对项目、负责人、实施方案、完成期限、验证人等清晰部署，并做到编制、审核和审批签字确认。

（4）安全生产投入计划的编制，由项目安全环保部门具体负责，其他职能部门如工程管理部、设备物资部、劳资财务部等均应积极配合，确保安全生产投入计划科学合理、可行性强。编制后的安全生产投入计划由项目安全领导小组集体审核，并经项目经理签字批准。

（5）项目部与各作业队签订子合同时，要将保证安全生产投入的具体要求写入技术和商务条款中，在合同中明确双方应承担的义务和责任。作业队安全生产投入计划的编制应由各作业队相关部门负责编制，作业队负责人批准。安全生产投入是实现市政项目安全生产的重要保障，各作业队主要负责人应依据本单位安全生产投入计划，优先安排安全生产投入资金，专款专用，不得以任何理由和借口缩减安全生产投入，严禁将安全生产投入资金挪为他用。同时项目部各部门科室应根据合同的规定，监督和管理各作业队实施安全投入计划。

（二）安全生产投入的监督管理

为了便于监督和管理安全生产投入资金专款专用，市政工程项目部应在以下几方面做好部署和管理。

（1）定期召开安全生产投入的专题会议，积极发现安全生产投入管理方面的问题，并协商和研究解决对策。相关措施实施后及时通报实施效果，在此基础上检查和安排下一步工作，系统保障安全生产投入的科学实施。

（2）项目部主要负责人在进行年度工作总结时，积极开展安全生产投入工作的专项总结。同时在月生产计划会、生产调度会上，定期进行安全生产投入的专项检查，并建立安全生产投入台账。

（3）市政工程项目的安全环保部门应对各作业队安全生产投入实施情况进行监督和定期检查。检查是否形成安全生产投入的管理制度体系，是否编制了安全生产投入计划，所编制的安全生产投入计划是否考虑生产经营特点和围绕生产安全需要，是否有效调整安全生产投入计划，安全生产投入资金是否确保专款专用，安全生产投入的管理人员是否职责明确，具体问题是否责任到人等。安全生产投入的检查结果应形成书面记录，一旦发现问题，应通过整改通知单下达至各作业队并限期整改。

（4）安全生产投入是确保项目工程活动安全生产的资源保证，市政工程项目部应严格执行安全生产投入的相关规定，下属各作业队应定期向项目部的安全环保部门报送安全生产投入年度计划、季度计划、月计划和实施情况，并统计报表，由安全环保部门汇总后及时向上级单位汇报。

参 考 文 献

[1] 郝国华. 市政工程施工组织设计的编写[J]. 山西建筑，2014，40（9）：2.

[2] 李殿林. 浅谈如何履行安全监理职责[J]. 科技视界，2014（002）：136-137.

[3] 季先华. 建筑工法与项目技术管理[J]. 煤炭科技，2013（4）：2.

[4] 郭冰伟. 公路工程检查井施工要点研究[J]. 交通世界（上旬刊），2022（008）：114-116.

[5] 刘晓. 某市政工程雨污水管道施工技术探讨[J]. 民营科技，2014（09）：175.

[6] 杜静侠. 卡塔尔 CP1 项目 66 kV 电缆排管（HDPE）热熔对接工艺[J]. 四川水力发电，2013，032（004）：64-67.

[7] 高峰，王大鹏. 红星路南延线市政道路沥青混凝土路面施工关键技术[J]. 四川水力发电，2015，001（034）：1-6.

[8] 刘建新. 浅析沥青混凝土路面施工技术[J]. 广东建材，2011，027（007）：92-94.

[9] 刘英，李明星，赵坤仑. 浅谈钢管桩在市政工程深沟槽支护中的应用[J]. 四川水力发电，2017，036（004）：101-103.

[10] 王术亮. 北方港口地区房屋建筑工程冬季施工安全管理要点[J]. 中小企业管理与科技（下旬刊），2015（03）：118-119.

[11] 成都市安全生产文明施工标准化工地创建指南.

[12] 中华人民共和国住房和城乡建设部，中华人民共和国国家质量监督检验检疫总局. 建筑工程施工现场消防安全技术规范：GB 50720—2011[J]. 北京：中国计划出版社，2011.

[13] 成都市建设委员会，成都市建设工程施工安全监督站. 成都市建筑工程安全文明施工设施标准化图例.

[14] 张建刚，赵涛涛，王泽正. 碗扣式满堂支架在成都天府新区兴隆湖拱桥中的应用[J]. 四川水力，2018，039（003）：82-85.